多摩
奥多摩

ベストハイク
30 コース

重信 秀年

東京新聞

はじめに

首都近郊、多摩地域を歩いて自然を楽しもう

　東京は 1400 万人が暮らす大都市だが、都心から郊外に向かう
電車に 1 時間ほど乗って降りると、「ここも東京なのか」と驚く
ような緑の豊かな山や澄んだ水の流れる渓谷があり、日帰りでハ
イキングを楽しむことができる。そんなふうに自然と交通に恵ま
れた首都は、世界でも珍しい。

　毎年、春になると「戸倉の光厳寺の古木の山桜は、今年も咲い
ただろうか」「青梅の梅岩寺の枝垂れ桜は、そろそろ満開になった
かもしれない」と、秋川や多摩川の上流の花が、私は気になる。
多摩丘陵の自宅前にある山桜の木が咲き始めたばかりなのだから、
奥多摩方面の見ごろは、まだ先だと思いながらも落ち着かない。
吉野山に花見に通ったという中世の歌人、西行にならって言うな
ら「何となく、春になりぬと聞く日より、心にかかる奥多摩の花」
である。気もそぞろになり、焦って青梅や秋川に出かけては、早
すぎて出直すことになる。

　しかし、同じ場所を繰り返し訪れるとよいことがある。桜は盛
りではなくても周辺の野山や川辺には草の花が咲き、木立からは
鳥の鳴き声が聞こえる。田畑には春の農作業を行う人の姿がある。
「来てよかった」と感じる光景に必ず出会える。昔の人は、柳の芽
吹きは池の東岸と西岸で差があり、花の開落は同じ木の南枝と北
枝で異なると言ったが、そうした自然の微妙さにも気づかされる。

　多摩地域は一年中、ハイキングを楽しむフィールドに事欠かな

い。桜が終われば、今熊山のミツバツツジが気にかかる。初夏には
ホトトギスの声を聞きに多摩丘陵の緑地に出かけたいし、梅雨の前には高尾山にセッコクの白い花を見に行かなければと思う。梅雨が明ければ、奥多摩の山に登りに行こうか、御岳渓谷の道を歩こうか迷う。秋の紅葉はどこも美しいのだが、秋川の広徳寺のイチョウの黄葉は格別に風情があり、できれば今年も見ておきたい。冬、多摩丘陵の緑地は冬枯れの寂しいイメージがあるが、奥多摩の山から下りてきた野鳥がさえずりながら飛び回り、里山の林は意外ににぎやかである。

　ハイキングやウォーキングは体の健康によいだけではない。山や川の風景を見てもの思いにふけったり、寺社や史跡を訪ねて歴史を学んだりするのは、充実した時間だ。眺めのよい丘に座り、悩みを忘れて何も考えず、ゆったりと時を過ごすのも贅沢でいい。

　よく晴れた日、多摩の丘陵や奥多摩の山の上から東を望むと、武蔵野台地の彼方に都心の高層ビル群が見える。武蔵野は広く、多摩川の流れは清い。多摩の風景は実に美しい。都民だけでなく、埼玉県、神奈川県、千葉県など首都圏に住む人々、全国や海外から東京を訪れた人にも多摩・奥多摩地域の丘や山や川辺を歩いて、豊かな自然や景観を楽しんでほしい。本書がその手引きになることを願っている。

2021年4月

　　　　　　　　　　　　　　　　　　　　　重信　秀年

多摩 奥多摩 ベストハイク 30 コース

⬤ はじめに　首都近郊、多摩地域を歩いて自然を楽しもう ……………………… 2
⬤ 本書の使い方 ………………………………………………………………… 8
⬤ 多摩・奥多摩の春夏秋冬　伝統行事 ……………………………………… 10

多摩丘陵エリア

1 アニメに描かれた街から兎狩りの丘へ …………………………………… 20
聖蹟桜ヶ丘駅から多摩丘陵を歩く

2 万葉の防人を思い、多摩丘陵を越える …………………………………… 24
多摩よこやまの道、防人見返りの峠

3 梅雨は多摩の名刹でアジサイ見物 ………………………………………… 28
高幡不動尊から浅川の岸辺へ

4 緑あふれる散策路と眺望が魅力 …………………………………………… 32
平山城址公園から長沼公園へ

5 カタクリの花を愛で、木漏れ日の古道を歩く …………………………… 36
片倉城跡公園から絹の道へ

6 池畔の花々を楽しみ、鎌倉古道を訪ねる ………………………………… 40
薬師池公園から七国山へ

7 多摩の里の歴史と緑にふれる小さな旅 …………………………………… 44
小野路から小山田緑地へ

8 自然と展望を気軽に楽しむ低山ハイク …………………………………… 48
大地沢から草戸山へ

八王子・高尾山エリア

9 八王子の街を清流に沿って歩く ···················· 52
浅川大橋から南浅川の武蔵野陵へ

10 国破れて山河あり、戦国時代を代表する山城 ··········· 56
八王子城、麓の御主殿跡から山頂へ

11 古城の丘は、別天地のような桜の園 ················· 60
滝山城、城跡から桜の林へ

12 薬王院の参道を登り、沢沿いの山道を下る ············· 64
高尾山、1号路から6号路へ

13 童謡「夕焼け小焼け」が生まれた山里 ··············· 68
陣馬街道、上恩方

14 白馬の像が立つ大展望の山頂を目指して ··············· 72
陣馬高原下から陣馬山へ

秋川エリア

15 春の一日、川辺の里で花の寺めぐり
秋川渓谷、光厳寺から龍珠院へ ····················· 76

16 呼び戻し祈願の山から秘境の滝
今熊山から金剛の滝へ ··························· 80

17 東京の里山の景観を代表する谷戸
横沢入と大悲願寺 ····························· 84

18 展望がよく、人気の山歩きコース
浅間尾根の浅間嶺 ····························· 88

19 山里にフジの大木を見に行く
日の出町の大久野を歩く ························· 92

青梅エリア

20 春の岸辺は桜とチューリップの花盛り
羽村堰から根がらみ前水田へ ……………………… 96

21 狭山丘陵の豊かな自然にふれる一日
箱根ヶ崎から六道山に登る ………………………… 100

22 江戸時代から栄えた花の寺と清流の町
青梅を歩く ……………………………………………… 104

23 山歩きで人気の高水三山のうち二山に登る
高水山と岩茸石山 …………………………………… 108

24 ツツジの寺を訪ね、緑の丘や川辺を歩く
塩船観音と霞丘陵 …………………………………… 112

奥多摩エリア

25 青梅線の駅を降りれば、山紫水明の地
御岳渓谷を歩く ……………………………………… 116

26 山の上にある美しい滝と渓流
御岳山のロックガーデン …………………………… 120

27 山水画の巨匠、川合玉堂ゆかりの里
白丸と鳩ノ巣渓谷 …………………………………… 124

28 多摩川の上流、昔々から人が歩いてきた古道
奥多摩むかし道を歩く ……………………………… 128

29 湖の浮橋を渡り、湖畔の小道を散策
麦山の浮橋から山のふるさと村へ ……………… 132

30 深山路の果ての地底ハイク
日原の集落と鍾乳洞を歩く ………………………… 136

多摩・奥多摩あれこれ

1　多摩・奥多摩の地形と自然 ……………………………………… 140
2　多摩・奥多摩の歴史 …………………………………………… 142
3　多摩・奥多摩を書いた本 ……………………………………… 144
4　多摩・奥多摩の花めぐり ……………………………………… 146
5　多摩・奥多摩の風景を気軽にスケッチ ……………………… 148
6　多摩・奥多摩の寺社めぐり …………………………………… 150
7　東京に雪が降ったら高尾山に登りに行こう ………………… 152
8　多摩・奥多摩の農産物を味わう ……………………………… 154
9　秋川、多摩川で魚釣り ………………………………………… 155
10　多摩・奥多摩、ここもおすすめ ……………………………… 156
11　快適なハイキングのために …………………………………… 158

あとがき …………………………………………………………… 159

多摩・奥多摩ベストハイク　エリアマップ

㉚
奥多摩町
㉗
㉓
青梅市
羽村市
瑞穂町
清瀬市
㉕
㉔
武蔵村山市
東村山市
㉙ ㉘
㉖
㉒
東大和市
東久留米市
日の出町
㉑
西東京市
㉛
あきる野市
⑲
福生市
小平市
小金井市
檜原村
⑰
立川市
国分寺市
武蔵野市
⑱
⑮ ⑯
昭島市
⑪
国立市
三鷹市
八王子市
⑬
国分寺市
⑭
⑩
⑨
府中市
調布市
⑫
④
③
①
狛江市
⑧
⑤
稲城市
⑦
②
多摩市
⑥
町田市

● 多摩丘陵エリア
● 八王子・高尾山エリア
● 秋川エリア
● 青梅エリア
● 奥多摩エリア

7

本書の使い方

　この本は、東京都の多摩・奥多摩地域のうち、緑、花、清流といった自然が豊かで、景色も美しく、歩いて気持ちのよい公園、緑地、丘の道、里の道、山道、川岸の道などを30コース紹介している。交通の便も比較的よく、都心から日帰りで散策やハイキングを楽しめるコースを選んだ。ハイキングの計画を立てる際はもちろん、持ち歩いて現地でも活用してほしい。

●コースで出会う風景
写真は、ハイキングに出かける場所を検討する際の参考になるよう、各コースを代表する景観を選んだ

●コース名
散策、ハイキングする場所

●エリア
多摩・奥多摩地域を「多摩丘陵」「八王子・高尾山」「秋川」「青梅」「奥多摩」の5エリアに区分し、それぞれのエリアで5から8コース紹介している。

青梅

中里介山の墓がある禅林寺。山門は幕末の建築

多摩川に下る坂道に馬の水飲み場の跡がある

20

春の岸辺は桜とチューリップの花盛り
羽村堰から根がらみ前水田へ
（はむらぜき）（ね）（まえ）

歩行タイム　2時間3分
季節　●●●

　江戸の町に水を供給した玉川上水は、羽村で多摩川の水を取り込んだ。羽村の取水堰は、今も現役で、川の水を村山貯水池（多摩湖）に送っている。
　羽村の川辺は、いつ歩いても気持ちいいが、春は花がいっぱいで、心が浮き立つ。

羽村市根がらみ前水田のチューリップ畑。田畑の農作業のため、あぜ道を歩いて観賞できる

羽村取水大堰と玉川兄弟の像

東京の水のふるさと羽村で花見

　4月、羽村市の多摩川沿いにある根がらみ前水田は、一面、赤や黄のチューリップ畑になる。その数、30万本とも40万本ともいい、色とりどりの花を敷き詰めた絨毯のようだ。公園の花壇などではなく、田畑に冬の裏作として植えられている光景が、関東には珍しい。
　同じころ、玉川上水の羽村取水堰や羽村上水公園わきの多摩川の堤に植えられた桜も満開だ。羽村の春は、花盛りである。
　玉川上水は、江戸時代の承応3（1654）年にできた。総奉行は「知恵伊豆」と呼ばれた老中の松平伊豆守信綱。設計は、信綱の家臣の安松金右衛門、水道奉行に関東代官の伊奈忠治。そして、開削工事を請け負ったのが、有名な庄右衛門、清右衛門の玉川兄弟である。
　玉川上水の工事について詳しいこ

とは分かっていないのだが、当初は羽村で取水する計画ではなかったようだ。最初は立川付近から東に掘り進み、府中の「かなしい坂」あたりで失敗。2度目は福生から掘り、熊川の「みずくらいど公園」がある場所で水が地中にしみ込んでしまった。3度目にして、羽村から江戸の四谷まで水を引き、完成したという。
　現在、東京の水道水は、利根川と荒川から取水した水が大半のようだが、それでも多摩川は「東京の水のふるさと」のイメージがある。都民なら、一度は訪れたい。

江戸の水利を実地で学ぶ

　羽村駅西口から多摩川に向かい、新奥多摩街道を渡って坂を下る。右手に馬の水飲み場跡があり、左手に禅林寺がある。禅林寺の裏の墓地には、「大菩薩峠」を書いた羽村生まれの文豪、中里介山の墓がある。
　禅林寺の山門から南に進み、羽村

97

●季節
出かけるのに適している季節の目安。一般に奥多摩の山や渓谷は、夏がおすすめ。冬は積雪や凍結の可能性がある。一方、標高の低い丘陵は、夏は暑く、道に草木が茂って歩きにくいため、春秋が適している。ハイキングの楽しさや快適さは季節だけでなく、その日の天気に大きく左右される。前日には天気予報を確認すること

●歩行タイム
歩行時間の目安。実際に歩いて計測しているが、歩行時間には個人差がある。また、休憩、食事、自然観察などの時間は含んでいない。自分の体力や志向に応じた時間を加えて計画を立ててほしい。歩行タイムが短いコースでも余裕を持って楽しむために、自宅は早めに出発することが望ましい。

🏛 立ち寄り施設
地域の自然、歴史、文化、産物などを知ることができる博物館、ビジターセンター、農産物直売所といった施設を取り上げた。特にビジターセンターは、ハイキングの案内や地図を提供しているため、ぜひ寄ってみよう。

🚃 交通アプローチ
行き帰りに利用すると便利な電車・バスの案内。平日と休日では、本数や終点の異なる場合があるため、各交通機関のホームページなどで時刻表を確認してから出かけよう。

⏱ 参考タイム
ハイキングの出発地から終着地までの間にある主な立ち寄り場所、施設を取り上げている。歩く速さは人によって違い、時間はあくまで目安である。この時間通り歩く必要はないが、所要時間を過ぎても次の場所に着かない場合は、道を間違えている可能性がある。地図を見て、ルートを確認すること。

羽村取水堰（左）。余分な水は小吐水門（右）から多摩川に戻す

堰入口の交差点を渡ると水路に出る。玉川上水だ。

　玉川上水を渡り、多摩川の岸を右に行く。羽村堰下橋は帰路に渡ることにして、まずは羽村取水堰を見に行こう。玉川兄弟の像と休憩所があり、堰の様子がよく見える。

　羽村取水堰は、丸太の杭で粗朶や砂利を固定した投渡堰という伝統的な様式で造られている。対岸の固定

堰との間は、筏の通し場の跡。奥多摩で伐採した木材を筏に組んで、多摩川河口まで運んだころの名残である。羽村では景色を眺めることが、自然の勉強になる。

📷 立ち寄り施設
羽村市郷土博物館 ●開館時間午前9時〜17時（屋外展示場は無休）●月曜（祝日の場合は開館）、祝日の翌日は休館●東京都羽村市羽741● TEL 042-558-2561

玉川上水は、江戸の人の誇り
　江戸っ子は、水道の水を産湯に使ったことを誇りにしたという。水道は、玉川上水や神田上水のことで、山梨、東京、伝の西源本『通言総籬』にて、御膳水に生れ出て（上水道の水を産湯に使い、将軍のいる土地に生れ）と、出所ととれている。

　『諸虚夢多』の「ありがたさまさか井戸で水を汲み」という川柳は、江戸の水道井戸で多摩川の鮎を捕まえたことを詠んだもの。羽村まから江戸までの距離は40キロ以上もあるが、標高差は90メートルほどしかない。自然流下で多摩川の水を送った江戸時代の土木技術の高さには、感嘆するばかりだ。

羽村取水堰から流れ始める玉川上水

98

岸に上がり、江戸時代に堰を管理した陣屋（役所）跡を見て、多摩川の岸を上流に向かう。

　水上公園付近の堤防は、春は桜の名所。花を楽しみながら、根がらみ前水田へ行くと、チューリップが見渡す限り咲いている。夏の変山子が立つ水田風景も懐かしくていい所だ。

　再び堤に上がり、阿蘇神社に行ってみよう。川岸に鎮座する古社で、参道の雰囲気がよい。

　羽村堰下橋まで戻り、対岸の郷土博物館にも行こう。羽村駅に戻ったら、東口の駅前にあるまいまい井戸も見ておきたい。

多摩川の岸に鎮座する阿蘇神社

🚃 交通アプローチ
行き／ JR青梅線「羽村駅」
帰り／ JR青梅線「羽村駅」

⏱ 参考タイム
羽村駅（10分）▶禅林寺（5分）▶羽村堰入口交差点（10分）▶玉川兄弟の像（5分）▶陣屋跡と玉川上水（15分）▶根がらみ前水田（20分）▶阿蘇神社（35分）▶羽村堰下橋（15分）▶羽村市郷土博物館（35分）▶羽村駅

地図凡例
- - - ルート
🚩 道標あり
▲ 山頂
Ⓧ 峠
❉ ビジターセンターなど
🚻 トイレ
🚏 バス停
Ⓧ 交番・駐在所
📮 郵便局
Ⓟ 駐車場

現地情報
羽村市観光協会　東京都羽村市羽1-13-15　TEL 042-555-9667

99

● コラム
現地にまつわる歴史、文化、自然などを紹介するコラム。多摩・奥多摩の歴史や文化に興味がわいたら図書館に出かけ、さらに調べていただけるとうれしい。

● 現地情報
地域の花や紅葉の状況、交通、イベントなどについて問い合わせることができる役所、観光案内所、ビジターセンターなど掲載した。出かける前に不安や疑問がある場合は連絡して質問し、解消してから出発すると安心だ。

● 各コースの地図
同じ1キロの距離でも平地と山では歩行に要する時間はずいぶん違う。山道の上り坂は時間がかかる。また、地図では道の複雑な屈曲は省略されている。登山道の分岐にはたいてい道標が設置されているので、立ち止まって行き先と所要時間を確認する習慣をつけよう。

春

多摩地域の桜の開花は都心よりも少し遅い。奥多摩の春の到来は、さらに遅い。その分、暖かくなると、草木はいっせいに芽吹き、花を咲かせる。多摩・奥多摩の春は明るく華やかだ。

羽村市、根がらみ前水田のチューリップ畑。家族や友人を誘ってお花見ハイキングに行こう。
➲96 ページ「羽村堰から根がらみ前水田へ」

青梅市、梅岩寺の枝垂れ桜。満開になると、大きな花の滝が、空から降ってくるようだ。
➲104 ページ「青梅を歩く」

今熊山の麓、今熊神社の遥拝殿周辺の斜面は、4月、ミツバツツジの花で紅紫色に染まる。
➡80ページ「今熊山から金剛の滝へ」

あきる野市乙津の龍珠院の境内。春の乙津は花の里、龍珠院は花の寺として知られる。
➡76ページ「秋川渓谷、光厳寺から龍珠院へ」

小山田緑地近くの水田。晩春から初夏、多摩丘陵の谷戸では田植えの準備が行われる。
➡44ページ「小野路から小山田緑地へ」

夏

6月の梅雨入り前は、ハイキングに適した季節。昼の時間が長いため、余裕を持って行動できる。梅雨が明けたら夏山シーズン到来。陣馬山に登りに行こう。晴れていれば、眺望抜群だ。

薬師池公園の花菖蒲田。花の盛りは短く、花がらを摘む人の手によって美景が保たれている。
➡40ページ「薬師池公園から七国山へ」

絹の道資料館前の水田。植えた稲の苗が、夏の太陽を浴びて日増しに大きくなっていく。
➡36ページ「片倉城跡公園から絹の道へ」

高幡不動尊は多摩を代表するアジサイ寺。6月、境内の山の斜面を7500株のアジサイが彩る。
➡28ページ「高幡不動尊から浅川の岸辺へ」

陣馬山の山頂は草原で360度の眺望を楽しめる。道標も整備されていて登りやすい。
➡72ページ「陣馬高原下から陣馬山へ」

初夏の御岳渓谷。水辺で遊ぶのが楽しい季節だ。瀬に立ち込んで竿を振る釣り人が見える。
➡116ページ「御岳渓谷を歩く」

秋

東京の秋は奥多摩の山から始まり、多摩丘陵、武蔵野へと下りてくる。萩の花、リンドウ、カラスウリの実など、秋の野山歩きは楽しみが多い。紅葉は始まったと思うと、すぐに散る。

晩秋の小山田緑地。コナラやクヌギなど落葉樹の多い雑木林は、葉が色づくと実に美しい。
●44 ページ「小野路から小山田緑地へ」

あきる野市小和田、広徳寺のイチョウ。風が散り敷いた落葉で境内の地面まで黄色に輝く。
●80 ページ「今熊山から金剛の滝」

町田市の七国山、鎌倉街道の碑
近くのそば畑。初秋に一面、白
い花が咲き、晩秋に実を結ぶ。
➡40 ページ「薬師池公園から
七国山へ」

多摩丘陵の防人見返り峠を南に越
えた黒川には田畑が残る。稲の天
日干しが行われていた。
➡24 ページ「多摩よこやまの道、
防人見返りの峠」

薬師池公園の旧永井家住宅の周り
に咲く彼岸花。昔話に出てくる農
家のような光景だ。
➡40 ページ「薬師池公園から七
国山へ」

冬

冬の関東平野は晴れの日が多く、陽のあたる丘の上は暖かい。汗をかかず、虫はおらず、冬のウォーキングは意外に快適だ。遠くの山も見渡せる。梅が咲き始めると、春はすぐそこ。

年末、雑事から逃れて小野路の奈良ばい谷戸を散歩。収穫後の田で稲わらを干していた。
➡44 ページ「小野路から小山田緑地へ」

12月、高幡不動尊の裏山から見た夕景の富士山。太陽が沈むと、風が一気に冷たくなる。
➡28 ページ「高幡不動尊から浅川の岸辺へ」

雪の日、高尾山薬王院の参道。ケーブルカーの駅から境内まで除雪されているようだった。
➡152ページ「東京に雪が降ったら高尾山に登りに行こう」

高幡不動尊、節分の豆まき。例年、多摩地域では高尾山薬王院などでも豆まきが行われる。
➡28ページ「高幡不動尊から浅川の岸辺へ」

2月下旬、青梅の吉野梅郷、梅の公園。多摩川対岸の山並みや集落を背景に梅の花が咲く。
➡156ページ「多摩・奥多摩、ここもおすすめ」

多摩・奥多摩の 伝統行事

ハイキングの途中、祭や伝統行事に出会うのは楽しい体験だ。多摩の人々は郷土の芸能や行事を大切にし、継承している。奥多摩の小河内（おこうち）神社の例祭では「獅子舞」や「鹿島踊」が披露される。多摩丘陵は都市化が進んだが、小正月には各地で「どんど焼き」が行われる。

９月の奥多摩湖畔、小河内神社の例祭で見た川野集落の獅子舞。獅子の舞方３人を万灯や花笠が取り囲んで華やかだ

原の獅子舞。金、黒、赤、三色の獅子頭

女装した６人が踊る小河内神社の鹿島踊。貴重な民俗芸能で国指定無形民俗文化財

多摩丘陵の一部、七生丘陵にある日野市郷土資料館のどんど焼き。正月飾りや書初めを焚いて健康や字の上達を願う。点火すると煙がもくもく出たあと燃え上がる

どんどの火で餅を焼いて食べると風邪をひかないという

多摩丘陵エリア

小山田緑地みはらし広場　多摩ニュータウンに隣接する町田市北部にある都立公園の小山田緑地。みはらし広場は、富士山、丹沢の眺めがよい。北西の方角（画面左）には奥多摩の大岳山や御前山も見える。
☞ 44 ページ「小野路から小山田緑地へ」参照

アニメに描かれた街から兎狩りの丘へ
聖蹟桜ヶ丘駅から多摩丘陵を歩く

歩行タイム	2時間20分
季節	春 夏 秋 冬

多摩市の住宅地、桜ヶ丘を歩くと、アニメ映画『耳をすませば』のファンらしき人たちをよく見かける。聖蹟と付くのは、明治天皇がこの地で兎狩りをされたためだ。今日は一日、聖地巡礼の気分で、多摩の住宅地や公園を歩こう。

アニメ映画『耳をすませば』で地球屋がある場所のモデルになったとされるロータリー

聖蹟桜ヶ丘駅前の散策マップと地球屋を模したモニュメント

金比羅宮にはおみくじの自動頒布機がある

聖蹟桜ヶ丘の住宅地、公園に歴史あり

聖蹟桜ヶ丘駅周辺の街並みは、スタジオジブリのアニメ映画『耳をすませば』で登場人物たちが暮らす街のモデルになったという。確かに同作品では、中学3年生の主人公の日常を通して、多摩丘陵をイメージさせる風景や郊外の人々の生活が丹念に描かれている。

桜ヶ丘住宅地の造成は、多摩ニュータウンの開発に先だち、1960年代初期から行われた。分譲にあたり、関戸（せき ど）と呼ばれた土地に「桜ヶ丘」という新たな地名を付けた。現在も都道18号の鎌倉街道沿いに残る関戸という地名には、古い歴史がある。南北朝時代の軍記物語『太平記』では、上野国（こうずけ）（現、群馬県）で倒幕の兵を挙げた新田義貞（にっ た よしさだ）が鎌倉に攻め入る前、関戸で幕府軍と熾烈な戦いを繰り広げたことが語られている。

旧鎌倉街道沿い熊野神社の霞ノ関南木戸柵跡

鎌倉街道の東の丘は、都立桜ヶ丘公園を中心に緑地が保たれている。この丘の周辺は、昔、連光寺村（れんこうじ）といった。明治天皇は兎狩りや多摩川の鮎漁の天覧を好まれ、連光寺村にたびたび行幸（ぎょうこう）された。それを記念して、昭和初期、多摩聖蹟記念館ができた。聖蹟桜ヶ丘駅から始める散策は、多摩丘陵の歴史を感じさせるものにあちこちで出会い興味深い。

ロータリーと丘の上広場に立ち寄ろう

駅を出たら川崎街道を渡る前に交番近くに立つ「散策マップ」で、桜ヶ丘のロータリーまでの道順を確認してから歩き出そう。

南に向かい、大栗川の霞ヶ関橋を渡り、いろは坂通りを上る。桜公園を過ぎると、つづら折りの道になる

桜ヶ丘公園は雑木林や草原があり家族連れに人気

が、直登する階段もある。上りつめれば、金比羅宮と天守台だ。江戸時代後期の地誌『江戸名所図会』には「関戸天守台」として松の茂った高台の挿絵があり、「此所より四望するにもっとも絶景なり。近頃、山頂に金毘羅権現の宮を営建せり」と記されている。

天守台から丘の上の道路を南に進むと『耳をすませば』に登場するアンティークショップの地球屋が建っている場所によく似たロータリーに出る。車が一時停止しなくてもいい環状交差点（ラウンドアバウト）で、英国などには多いが、日本ではとても珍しい。

ロータリーから原峰公園の園路を通って丘を下ると旧鎌倉街道に出る。熊野神社に都史跡の霞ノ関 南 木戸柵跡があるので見ておこう。関戸は中世のころ関所があったとされ、和歌に詠まれた武蔵国の歌枕「霞の関」は、この地ではないかという説が、昔からある。

鎌倉街道を渡り、ひじり坂を歩く。桜ヶ丘公園に着いたら、丘の上広場に登ろう。木陰にベンチがあり、春は桜の花が美しい。林間に見える円形の建

多摩を和歌に詠まれた明治天皇・皇后

明治天皇は兎狩りで3度、鮎漁で1度、南多摩郡連光寺村（現、多摩市連光寺）を訪れている。

兎狩りは冬がシーズンだ。明治天皇が連光寺の御猟場に行幸された日、多摩では雪が降ったと聞いた皇后の昭憲皇太后は、「兎とる網にも雪のかかる日にぬれしみけしを思ひこそやれ」と歌を詠んだ。みけしは貴人の衣服のことで、

円柱を円形に並べた独特な建築の旧多摩聖蹟記念館

天皇の召し物が雪で濡れたであろうことを心配した情愛にあふれた御歌である。

明治天皇は、夏の多摩川での鮎漁の天覧も大層お気に召したようで、「たま川のはやせの水にさをさして鮎とるわざを見るぞ楽しき」という御製を残している。

桜ヶ丘公園の丘の上広場から兎平への道

物は、旧多摩聖蹟記念館だ。

　桜ヶ丘公園から駅に戻る。丘の上の広場から兎平、ちょうの道をたどって下ると大谷戸公園。春日神社の前から鎌倉街道に出る。車の音が静かな旧鎌倉街道を歩いて大栗川を渡り、岸沿いを上流に進むと、行きに渡った霞ヶ関橋だ。

🚃 **交通アプローチ**
行き／京王線「聖蹟桜ヶ丘駅」
帰り／京王線「聖蹟桜ヶ丘駅」

🕐 **参考タイム**
聖蹟桜ヶ丘駅（15分）▶いろは坂桜公園（10分）▶金比羅宮（10分）▶桜ヶ丘ロータリー（5分）▶原峰公園（15分）▶熊野神社（20分）▶桜ヶ丘公園西中央口（15分）▶旧多摩聖蹟記念館（10分）▶大谷戸公園（20分）▶関戸古戦場跡（20分）▶聖蹟桜ヶ丘駅

🏠 **立ち寄り施設**
旧多摩聖蹟記念館　開館時間10時〜16時、月曜・水曜・年末年始他休／東京都多摩市連光寺5-1-1／TEL042-337-0900

現地情報 多摩市役所　東京都多摩市関戸6-12-1　TEL. 042-375-8111

2

万葉の防人を思い、多摩丘陵を越える
多摩よこやまの道、防人見返りの峠

歩行タイム	2時間
季節	春 夏 秋 冬

多摩丘陵は古代には武蔵国と相模国の境をなし、東海道が通っていた。『万葉集』には、防人と家族の歌がたくさん収められている。武蔵国の多くの男たちが、防人として九州におもむくため、家族と別れ、多摩丘陵を越えた。

「防人見返りの峠」に至る道。上り切れば、武蔵野を一望できる

丘に咲くキンランに「採らないで」のお願い

防人がふるさとを振り返って眺めた丘

「赤駒を山野にはがし捕りかにて多摩の横山徒歩ゆか遣らむ」。奈良時代の『万葉集』の巻二十に収められている歌で、多摩の横山という地名が詠み込まれている。

防人は古代に九州北部で防衛にあたった兵士。防人の制度は、大化の改新で始まり、朝鮮半島の百済を支援した白村江の戦いで唐と新羅の軍に敗れて以降、本格的に行われた。

『万葉集』の編者の大伴家持は、防人だけでなく、諸国の役人を通して防人の家族から歌を集めた。「赤駒」の歌は、そのとき武蔵国の多摩郡の東、豊島郡の防人の妻が詠んだ。

防人になった夫は、難波津（大阪の港）まで行き、大宰府行きの船に乗る。「せめて、馬に乗せて送り出してあげたいと思ったのに、馬が野に逃げてしまい、捕まえることができず、歩いて行かせてしまった」と妻は悔やんでいる。別れの悲しさを言

多摩ニュータウン諏訪・永山地区を南へ歩く

多摩よこやまの道は尾根伝いの遊歩道

葉で表現していない分、彼女の胸中のつらい思いがしのばれる。

多摩の横山は、多摩丘陵のことだ。彼女の夫は、武蔵国の国府（府中）から多摩川を渡り、多摩丘陵を越えて、相模国（現、神奈川県）に向かったはずだ。現代の東国に暮らす私たちも防人の旅を想像しながら、多摩の横山を徒歩で越えてみよう。

ニュータウンから丘を越えて里山に

永山駅から南に歩き、まずは永山北公園に行く。園路を通って公園の南側に出たら、次は永山南公園を目指す。団地や学校の間を通る緑の多い快適な道だ。

永山南公園の南東にある多摩永山郵便局のところから下のバス道路に下りて、諏訪団地と永山団地の間を

防人見返りの峠のベンチで休憩しよう　　田園風景が広がる黒川

　さらに南に進むと、通称「尾根幹」と呼ぶ南多摩尾根幹線道路の下に出る。右に曲がり、尾根幹の手前を並行する道を歩き、多摩給食センター前の横断歩道まで行く。

　尾根幹を渡った所には石段とトイレがある。石段を上りきると「多摩よこやまの道」の道標と案内図が立っている。多摩よこやまの道は、多摩市と川崎市・町田市との境に整備された約10キロの散策路。ここからは、その一部を東に歩く。すぐに林を抜けて視界が開け、道は上り坂になる。前方に見える展望広場が、防人見返

りの峠だ。広場に着くと北側に武蔵野が広がり、遠く奥多摩の山々まで見渡せる。

　防人見返りの峠からも多摩よこやまの道をたどり、「瓜生黒川往還」の道標の立つ辻まで行く。ここで多摩よこやまの道とは分かれ、川崎市麻生区黒川に向かって下る。途中、林間に新興の住宅地が現れるが、下

🏠 立ち寄り施設
ＪＡセレサ川崎ファーマーズマーケット・セレサモス麻生店　営業時間10時〜16時、水曜・年末年始休／神奈川県川崎市麻生区黒川172　TEL.044-989-5311

関東から九州に送られた防人

　防人の多くは東国の男たちだった。『万葉集』には「赤駒」の歌のほかに「防人に行くは誰が背と問ふ人を見るがともしさ物思もせず」という防人の妻の歌もある。

　「防人に行く人は誰の夫なんでしょうと他人事として話している人がいる。私は彼女の憂いのなさがうらやましい」という意味だ。夫を兵士として送り出す妻の悲嘆は、いかばかりだったろう。

多摩市の一本杉公園に立つ「赤駒」の歌碑

　多摩給食センター前の交差点から多摩よこやまの道に上がり、防人見返りの峠とは逆の方向に2.5キロほど歩くと、一本杉公園がある。池のほとりの芝生に「赤駒」の歌碑が立っているので、一度、訪れるといい。

りきると田畑や果樹園が広がる田園風景。黒川は多摩丘陵でも里山の景観をよく残している貴重な場所だ。昔は農閑期の冬に炭を焼いた。黒川炭の質の良さは、江戸の町で評判だっ

たという。

汁守（しるもり）神社の近くに農産物直売所があるので新鮮な野菜を買って、黒川駅に向かうといい。

🚃 交通アプローチ

行き／京王相模原線「京王永山駅」または小田急多摩線「小田急永山駅」
帰り／小田急多摩線「黒川駅」

⏱ 参考タイム

永山駅（5分）▶永山北公園（20分）▶永山南公園（20分）▶多摩給食センター前交差点（5分）▶多摩よこやまの道（10分）▶防人見返りの峠（10分）▶瓜生黒川往還（30分）▶汁守神社（20分）▶黒川駅

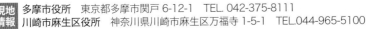

現地情報　多摩市役所　東京都多摩市関戸 6-12-1　TEL. 042-375-8111
川崎市麻生区役所　神奈川県川崎市麻生区万福寺 1-5-1　TEL.044-965-5100

3

梅雨は多摩の名刹でアジサイ見物
高幡不動尊から浅川の岸辺へ
たかはた ふ どうそん

歩 行タイム	2時間10分
季 節	春 夏 秋 冬

梅雨になるとアジサイは、家の庭、公園、道端などいたる所で咲いているが、寺の境内で心静かに眺める花は、格別に風情がある。梅雨の晴れ間、多摩の古刹にアジサイ見物に出かけ、天気が持つようなら川岸を散策しよう。

高幡不動尊の山内にはアジサイ観賞の散策路が設けられている

モノレールが頭上を走っている街だ

梅雨の晴れ間、高幡不動の奥殿と五重塔

ふれあい橋はテレビドラマのロケに使われることも多い

6月の境内を
鮮やかに彩るアジサイ

　日野市の高幡不動尊は、厄除祈願で知られ、初詣、節分、春秋の大祭など、一年を通して参詣者でにぎわう。6月中旬から下旬は、山内を淡い青や薄紫に彩るアジサイが人気だ。

　雨の日はハイキングには不向きで、梅雨の時期は計画を立てても無駄になることが多いが、家にいると、午後からからりと晴れることもある。雨上がりのアジサイの花や葉はみずみずしさを増し、木もれ日を照り返して美しい。花の盛りを見ないまま、時が過ぎてしまうのは惜しい。高幡不動尊は最寄り駅から近くて参詣しやすく、雨が降ってきたら、すぐに帰途につける。気軽に出かけてみてはいかがだろう。

　高幡不動駅で下車し、参道を100メートルあまり進むと川崎街道に出

る。正面に「高幡山」の扁額を掲げた仁王門が堂々と建っている。寺名は高幡山明王院金剛寺だが、親しみを込めて「高幡不動尊」と呼ばれることが多い。草創は平安時代前と伝え、関東では稀な平安期の巨大な不動明王像をまつっている。

浅川の吊り橋を渡り石田寺へ

　仁王門を入ると不動堂がある。毎日数回、護摩修行が行われており、誰でも参加できる。結跏趺坐した丈六の不動明王像の座高は3メートル近くあり、忿怒の形相で手に剣と羂索を持つ。護摩木を焚く炎が揺らめくと、尊像に映る光と影も揺れて、不動明王があたかも生きているかのように感じられて、なかなかの迫力だ。昔の人があつく信仰してきたのも納得がいく。不動堂の像は身代わりで、平安時代のオリジナルは奥殿に安置されているのだが、十分にあ

土方歳三のファンが訪れる石田寺

りがたい。境内の最奥に位置する大日堂は、この寺の総本尊の大日如来坐像をまつる。大日堂には鳴り龍の天井などもあり、こちらも参拝しておきたい。

　アジサイは五重塔の山側に多い。多彩な品種が植えられ、花の形も色も株ごとにさまざまだ。アジサイは品種や陽あたりで開花時期が微妙に異なり、咲いてからも色が変化する

ため、繰り返し訪れて楽しめる。山内には八十八カ所めぐりの石仏も安置されている。

　高幡不動尊からは浅川の土手に向かう。川崎街道の高幡不動尊西の横断歩道を渡り、踏切も渡って進むと川岸。土手に上がったら下流に見える吊り橋を目指す。万願寺歩道橋だが、「ふれあい橋」の愛称で呼ばれている。見晴らしのよい道で、ウオーキングやサイクリングをする人が多い。浅川は八王子から流

🏛 立ち寄り施設
高幡山金剛寺（高幡不動尊）　奥殿寺宝の拝観　9時〜16時、月曜休、300円／大日堂鳴り龍の拝観　9時〜16時、月曜休、200円／東京都日野市高幡733／TEL. 042-591-0032

浅川産の薬草を行商した若き土方歳三

　新撰組の副長、土方歳三の家は、多摩郡石田村（現、日野市石田）の豊かな農家で、打ち身や捻挫の家伝の薬「石田散薬」の製造、販売をしていた。青年時代の歳三は、家業を手伝い、薬の行商をしつつ、剣術修行に励んだ。石田散薬の原料は、家の近くを流れる浅川の河原に生えているミゾソバというタデ科の草だった。夏の土用の丑の日に刈り取り、天日で乾燥させ、焙烙（素焼きの土鍋）で焼いたあと、薬研で砕いて粉末にしたという。

　日野には新撰組の史跡が多い。高幡不動尊境内の歳三の像と並んで立つ殉節両雄之碑は、明治になって局長の近藤勇と歳三を顕彰したもの。

高幡不動尊の境内、土方歳三の像と殉節両雄之碑

向島用水親水路。日野市には用水路が多い

冬はふれあい橋の上から雪の富士山が見える

れてきて、多摩川に注ぐ。名前どおり浅瀬の続く川だが、水は澄み、夏には鮎が遡上する。
そじょう

　ふれあい橋で対岸に渡ったら、モノレールが頭上を通る新井橋のたもとから土手を下りて、石田寺に行ってみよう。幕末、新撰組副長として

活躍した土方歳三の墓がある。
ひじかたとしぞう

　石田寺からは新井橋を渡り、水車のある向島用水親水路を歩いて高幡不動駅に戻る。

🚃 交通アプローチ

行き／京王線・多摩モノレール「高幡不動駅」
帰り／京王線・多摩モノレール「高幡不動駅」

🕐 参考タイム

高幡不動駅（5分）▶高幡山金剛寺仁王門（5分）▶高幡不動境内・山あじさい鑑賞路（30分）▶高幡不動西交差点（5分）▶浅川の土手（15分）▶万願寺歩道橋ふれあい橋（25分）▶石田寺（15分）▶新井橋（15分）▶向島用水親水路の水車（15分）▶高幡不動駅

現地情報　日野市観光協会　東京都日野市日野本町2-15-9　TEL. 042-586-8808

4

緑あふれる散策路と眺望が魅力
平山城址公園から長沼公園へ

歩 行 タイム	2時間5分

季 節	春 夏 秋 冬

浅川の南に連なる丘陵に平山城址公園と長沼公園がある。どちらも緑豊かで、もっと深い山にいる気分になる。眺望にも恵まれている。小さく見えるビル群は八王子の街、光っているのは浅川の流れ、遠くの山並みは奥多摩だ。

平山城址公園に上る途中の展望。八王子の街、浅川、高尾山や奥多摩の山々が見える

平山城址公園は花見の名所

平山季重の墓や坐像がある宗印寺

平山季重をまつる神社

昔は野猿峠ハイキングコース

　八王子の市街地を流れてきた浅川が日野市に注ぐあたりは、川の南岸に標高180メートルほどの丘陵が続いている。丘の上まで住宅が建っている所が多いが、緑地も見える。平山城址公園と長沼公園のある場所だ。

　昭和30年代まで、この辺りの丘陵には、高幡不動尊から尾根伝いに「野猿峠ハイキングコース」が延びていた。東京近郊では人気の野山歩きの道で、遠足の子供たちや家族連れなど多くの行楽客でにぎわったという。コースのほぼ中央に位置し、展望もよかった平山城址公園は、特に人気があったようだ。

　その後の宅地開発で、野猿峠ハイキングコースは消えてしまったが、二つの公園は雑木林の緑地として残り、多摩丘陵でも緑の豊かな場所として、自然を愛好する人たちに評判

がよい。公園と公園の間の散策路は途切れていて住宅地を歩くことになるが、平山城址公園駅から上り、二つの公園を散策して、長沼駅に下ってみよう。

坂東武者ゆかりの地から歩き始める

　平山城址公園駅前のロータリーに古びた石碑が立っている。平山は鎌倉時代、平山郷といい、源頼朝に従って源平合戦で活躍した武将、平山季重の館があったという。平山城址公園の名称や位置から丘の上に城を構えていたと思いがちだが、季重の館は麓にあったとされている。しかし、浅川の対岸だったという説もあり、確かなことは分からない。

　まずは宗印寺を訪ねる。境内に季重の五輪塔の墓、地蔵堂に季重の坐像がある。宗印寺のわきから山道を上っていくと、住宅地の縁の見晴ら

晴れた日の長沼公園の頂上園地は気持ちがいい

長沼公園の霧降の道を下る

し抜群の高台に出る。足元の谷の彼方に浅川や八王子の市街地の眺めが広がる。晴れていれば、奥多摩の山々も見える。

「季重神社」の道標に従って進むと舗装路が山道になり、鳥居と祠のような社殿がある。季重神社から平山城址公園の入口は近い。園地は丘陵の斜面に広がり、「さくらの道」と呼ぶ散策路が池まで通じている。春は花見の名所だ。

池からは林間の小道で展望所の「六国台」を目指す。六国台からは公園を出て、長沼公園に向かうのだが、尾根伝いには行けないため、しばらく住宅地を複雑に歩く。斜面に階段状に作られたヒルサイドテラスという建物の前を過ぎて、道なりに丘を上っていくと横断歩道の所に長く急な階段がある。長沼公園の平山口だ。階段を上り、道標の「野猿の尾根道」とある方に行く。起伏の緩やかな歩きやすい道をしばらく進むと、見晴らしのよい展望園地。さらに行くと、芝生の頂上園地がある。

帰路は「霧降の道」と呼ぶ散策路

『平家物語』に描かれた平山季重

平山城址公園駅前にある平山季重の碑

平山季重は勇猛果敢な武将だったようだ。『平家物語』の一ノ谷の合戦では鵯越の山道で、「この山に詳しい者が誰かいるか」と源義経が聞くと、季重が進み出た。「そなたは東国育ちではないか」と言われても「敵への案内は剛の者が知る」と自信満々に返答している。

鵯越から一ノ谷に下る際には、熊谷直実と先陣を争い、「保元平治両度の合戦に先かけたりし武蔵国住人、平山武者 所 季重」と名乗りを上げた。熊谷が駆けると平山が続き、平山が駆けると熊谷が続き、互いに我劣らじと入れ替わり入れ替わり、火が出るほど激しく平家の侍どもを攻めたとある。坂東武者の鑑だ。

を下ってみよう。沢沿いの道には深山の雰囲気が漂い、標高180メートルほどの丘から麓に下っているとは思えないほどだ。

　丘を下りきると公園の長沼口。北に10分ほど歩けば長沼駅に到着する。公園の駐車場近くの斜面にカタクリの群生地があり保護されている。例年3月下旬の開花の時期には短期間だが見ることができるので、花に合わせて訪れるのもよい。

🚋 立ち寄り施設

平山季重ふれあい館（日野市立平山図書館）　東京都日野市平山5-18-2 ／ TEL.042-591-7772

🚆 交通アプローチ

行き／京王線「平山城址公園駅」
帰り／京王線「長沼駅」

🕐 参考タイム

平山城址公園駅（2分）▶平山季重居館跡（10分）▶宗印寺（20分）▶季重神社（3分）▶平山城址公園北中央口（10分）▶猿渡の池（10分）▶六国台（30分）▶長沼公園の平山口（10分）▶展望園地（5分）▶頂上園地（15分）▶長沼口（10分）▶長沼駅

5

カタクリの花を愛で、木漏れ日の古道を歩く
片倉城跡公園から絹の道へ

| 歩 行タイム | 2時間5分 |

| 季 節 | 春 夏 秋 冬 |

カタクリの花との出会いは、早春の多摩丘陵を歩く大きな楽しみ。片倉城跡公園の群落は大きく、きっと花を見つけることができる。絹の道の木々は葉をまだ落としたままで、太陽が林の下まで差し込んで明るく、歩きやすい。

片倉城跡公園、奥の沢に咲くカタクリ

早春の片倉城跡公園を歩いて、カタクリの花を探す

片倉城跡公園、二の丸広場

八王子バイパスから階段を上ると「絹の道」の道標がある

春の訪れを告げるカタクリの花

　八王子市の南部、鑓水に「絹の道」と呼ぶ古道がある。幕末から明治にかけては「浜街道」といい、八王子から横浜に輸出用の生糸を運んだ道だ。文化庁選定の「歴史の道百選」に、日光杉並木街道や箱根旧街道とともに選ばれている。

　往時をしのばせる未舗装の道は、鑓水の1キロほどなので、最寄りの絹の道入口のバス停で下車して、古道だけ往復してもいいのだが、少し長い距離を歩いてみよう。

　多摩丘陵は標高が低いため、夏の野道は暑く、草木も茂って歩きにくい。絹の道を散策して最も快適な季節は、木々が葉を広げる前の早春だ。林のなかにも日の光が差し、爽やかな風が吹いている。早春の八王子を歩くなら、可憐なカタクリの花も見ておきたい。群生地がある片倉城跡公園を訪れたあと、絹の道に足を延ばすことをおすすめする。

　京王片倉駅を出て、東京環状の国道16号を南に歩くと、片倉城跡公園に着く。中世の城跡で郭や空堀が残っている。長井氏が築いたとされるが、詳しい歴史は解明されていない。

　多摩のカタクリの花は落葉樹林の北斜面に生えていることが多い。この公園では奥の沢のクヌギやミズキの林に群生地がある。淡い紅紫色の花は、そよ風に揺れて弱々しく見えるが、時折、強い風が吹いても散ったり倒れたりすることはなく、意外にたくましい。

古道を歩き、盛衰の歴史を思う

　片倉城跡公園を後にして東京環状をさらに行き、日本文化大学入口の信号から白山通りを進む。八王子バイパスの跨道橋を渡ったら、南にそびえる無線鉄塔を目指し、鉄塔の手前の階段で斜面を上る。上りきった所に「絹の道」の方向を示す道標が

「歴史の道百選」に選ばれた浜街道、絹の道

鑓水商人の屋敷跡に建てた絹の道資料館

立っている。振り返れば、八王子の街を一望に収めることができる。眺めがよく、浜街道を人や荷が行き交ったころは、峠の休憩所としてにぎわったことだろう。

　土の道になり、道了堂跡（どうりょう）に上る石段の脇に「絹の道」と刻んだ石碑が立っている。ここから絹の道資料館手前の石塔群までが、「絹の道」と呼ぶ古道。途中、昔の繁栄をしのばせるようなものはなく、寂しい山道だ。20分ほど下ると車道に出て、絹の道資料館がある。

　江戸時代の八王子は、大消費地の

道了堂の石段下に立つ「絹の道」の石碑

シュリーマンが感動した丘の風景

　トロイアの遺跡を発掘したドイツ人のハインリッヒ・シュリーマンは、商人を辞めて考古学に専念する前、世界中を旅行し、慶応元（1865）年、日本を訪れた。シュリーマンは、絹の生産地、八王子の町を見るため、6月18日、横浜から馬に乗って出発し、浜街道を通っている。原町田で泊り、翌日の昼過ぎ、八王子に着いた。雨は降ったが、道中は爽やかな田

絹の道の丘からの眺めは今もよい

園風景が広がり、丘の上からの眺めは素晴らしかったと書き残している。
　シュリーマンが景色に感動した丘は、片倉城跡から歩いてきた私たちが、絹の道の手前で振り返り、八王子の街や多摩の山々を見たあたりに違いない。

江戸が近く、「桑都」と呼ばれるほど絹織物の生産が盛んだった。安政6（1859）年、横浜が開港して貿易が始まると、八王子から生糸を横浜に運ぶようになる。浜街道沿いの鑓水の人々は、以前から生糸を扱っていたが、開港以降、横浜の貿易商に売り、「鑓水商人」と呼ばれて栄えた。しか

し、繁栄は長く続かなかった。明治後期には、生糸の流通の変化や鉄道の開通で、鑓水は衰退する。絹の道資料館は、鑓水商人の屋敷跡にあり、見事な石垣は往時の姿を復元したものだという。館内の展示で、鑓水商人の栄枯盛衰を学んでから、バスに乗ろう。

立ち寄り施設

絹の道資料館　開館時間9時〜17時（11月〜2月は16時30分）、月曜（祝日の場合は翌日）・年末年始休、入館無料／東京都八王子市鑓水989-2／TEL. 042-676-4064

交通アプローチ

行き／京王高尾線「京王片倉駅」
帰り／京王バス「絹の道入口バス停」から京王相模原線「南大沢駅」またはJR横浜線・JR相模線・京王相模原線「橋本駅」

参考タイム

京王片倉駅（10分）▶片倉城跡公園（25分）▶公園散策（15分）▶日本文化大学入口交差点（25分）▶高嶺交番（15分）▶大塚山公園・道了堂跡（25分）▶絹の道資料館（10分）▶絹の道入口バス停

現地情報　八王子市教育委員会生涯学習スポーツ部文化財課　東京都八王子市元本郷町3-24-1　TEL. 042-620-7265

6

池畔の花々を楽しみ、鎌倉古道を訪ねる
薬師池公園から七国山へ

歩　行 タイム	2時間20分
季　節	春 夏 秋 冬

薬師池公園は、梅、桜、藤、花菖蒲、蓮、彼岸花、椿と、四季折々に花が咲き、いつ行っても目を楽しませてくれる。七国山は薬師池公園の西にある丘で、鎌倉時代の道や井戸が残っている。中世の旅人が歩いた道を見に行こう。

風のない日は太鼓橋が水面に映り、眼鏡橋のように見える

薬師池公園の花菖蒲田。初夏にはあでやかなハナショウブの花が咲く

薬師池の名称の由来になった野津田薬師堂

西園の丘の上は、空が広い

溜池とは思えない風雅な園内

薬師池公園の池は、戦国時代から江戸時代にかけて灌漑用の溜池として造られたのだが、園路をめぐらした池に太鼓橋が映え、池泉回遊式の大名庭園のような趣がある。多摩丘陵の地形を巧みに取り込み、沢には花菖蒲田、陽あたりのよい傾斜地には梅園もある。

薬師池の名は、園の西側の野津田薬師堂に由来する。江戸後期の地誌『新編武蔵風土記稿』には、このあたりは野津田村で、中世には野蔦とも書いたとある。風流な地名だ。同書には、薬師堂は野津田の華厳院持ちで、華厳院の古名を付けて普光山福王寺と号したとも記されている。薬師堂前の説明板に「福王寺旧園地」とあるのは、そのためだ。

薬師池公園の西には、七国山がある。山といっても標高128メートルの丘で、鎌倉街道上ノ道が通ってい

た。今もその道筋が残り、「鎌倉井戸」という史跡がある。多摩丘陵を歩くと、あちこちで古道の遺構に出会うが、七国山は古道らしさがよく保たれている。歴史好きな人は、一度は訪ねてほしい。

七国山を越えていく旧鎌倉街道

薬師ヶ丘のバス停で下車して、薬師池公園のハス田の木道を歩く。薬師池のほとりに着くと、太鼓橋が見える。ここからどこに向かうかは季節による。早春は池の西の梅園、初夏は南の花菖蒲田に行ってみよう。どこに行くにしても薬師池は一周したい。南岸から見る太鼓橋は緑に包まれ、よい眺めだ。春は桜の花が加わり、華やかな景色になる。

梅林から野津田薬師堂に参り、堂の右手の石段を上がって園を出たら、道標に従って遊歩道を西園に向かう。丘に上がると、開放的な芝生の広場だ。広場の西端の道標で、ダリア園

夏から秋が見ごろのダリア園

七国山の鎌倉街道の石碑と井戸

の方向を確認して丘を下る。林を抜け、住宅地を通るが、辻ごとにダリア園を示す標識があるため、迷うことはない。

　ダリア園の前の坂道を上る。ここから七国山までは迷いやすいが、それが古道探しの楽しみでもある。200

薬師池公園の旧永井家住宅は小野路から移築した民家

メートルほど行くと、右側に分かれ道があり、その道を進む。100メートルほどで左側に小道

があり、旧鎌倉街道に行くことができる。小道をやり過ごしてすぐの五差路からも旧街道に通じている。五差路から約50メートルで井戸と「七国山鎌倉街道」と刻んだ石碑がある。さらに約30メートル先には左に分かれる未舗装の道に「鎌倉街道上ノ道」の標識が立っている。その道が旧鎌倉街道として続いているのだが、薬師池公園に戻るため、舗装道路をそのまま進む。

　林を抜けると、七国山の北側で、

🏛 立ち寄り施設

町田ダリア園　開園期間7月1日〜11月3日、開園時間9時30分〜16時30分、入園大人550円、中学生まで無料／東京都町田市山崎町1213-1／TEL.042-722-0538

源頼朝（よりとも）も通った鎌倉街道上ノ道

　鎌倉街道は、鎌倉時代、幕府があった鎌倉に東国各地から通じていた道の総称。関東には行き先によって、上ノ道、中ノ道、下ノ道が通っていた。

　多摩丘陵の七国山、小野路（おのじ）、関戸（せきど）を通っていたのは上ノ道で、府中を経て、入間川（埼玉県南部）から上野国（こうずけ）（現、群馬県）、さらには越後、信濃まで通じていた。

　源頼朝は征夷大将軍になった翌年の建久4（1193）年春、浅間山の麓の狩りに向かうため、上ノ道を通った。『曽我（そが）物語』には、工藤祐経（すけつね）を親の仇（かたき）とねらう曽我兄弟が、頼朝に従う祐経を関戸、入間川と宿ごとに討とうとするが果たせないまま、上ノ道を行く場面がある。

関戸に続く鎌倉街道上ノ道

畑がある。初秋にはソバの花が一面に咲く。丘陵の道をゆるやかに下っていくと、ぼたん園の入口に至る。ぼたん園とふるさと農具館の間の坂道を下り、「薬師池」の道標に従って住宅地を通れば、薬師ヶ丘のバス停に戻れる。

🚃 交通アプローチ

行き／小田急線「鶴川駅」または「町田駅」から神奈川中央交通バスで「薬師ヶ丘バス停」
帰り／神奈川中央交通バス「薬師ヶ丘バス停」から小田急線「鶴川駅」または「町田駅」

⏱ 参考タイム

薬師ヶ丘バス停（3分）▶薬師池公園ハス田（7分）▶薬師池（20分）▶園内散策（30分）▶野津田薬師堂（15分）▶西園展望広場（15分）▶町田ダリア園（10分）▶七国山鎌倉街道の碑（20分）▶ふるさと農具館・ぼたん（20分）▶薬師ヶ丘バス停

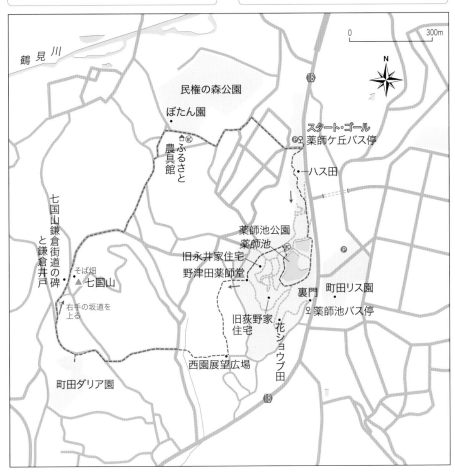

7

多摩の里の歴史と緑にふれる小さな旅
小野路から小山田緑地へ
おのじ　　　　おやまだ

| 歩 行 タイム | 2時間10分 |

| 季 節 | 春 夏 秋 冬 |

小野路から小山田の丘や谷戸や集落を散策していると、
歴史を感じさせるものにいろいろと出会う。里山の景色
も素晴らしく、初夏は野鳥がにぎや
かにさえずる。ホトトギスの初鳴
きを聞きに丘の道をたどるのも
楽しい。

田植えを終えた万松寺谷戸。水に空
の雲や周囲の丘が映っている

草木塔は草木に
感謝し、供養す
るためのもの

小野路宿通りの里山交流館で情報収集

小野路城址。道を上ると小町井戸がある

街道の宿場町から
田園風景の里山へ

　田畑や里山と新興の住宅が混在する小野路は、どことなく由緒ありげな町だ。鎌倉時代に『徒然草』を書いた兼好法師が「さてもなほ世を卯の花のかげなれやのがれて入りりし小野の山里」と歌に詠んだ小野の里は、京の郊外で、関東ではないのだが、多摩の小野路にも隠れ里の雰囲気が漂っている。

　小野路の発展の歴史は古い。古代の東海道は武蔵と相模の国府を結ぶため、小野路の付近で多摩丘陵を越えていた。中世には鎌倉街道の宿場になり、江戸時代には関東の庶民の間で流行し、講を組んで登拝した大山詣の道の一つだった。

　小野路の西の小山田も歴史のある土地で、『平家物語』に登場する小山田有重の領地だった。源平合戦が始まったとき、有重は京にいたため、

平家方として戦うが、平家の都落ちで東国に帰る。その後、大泉寺の場所は、室町時代まで、小山田氏の館や城だったという。

　小野路と小山田の丘や谷には、雑木林や田畑が広がり、新緑のころに歩くと特に気持ちがいい。林の道ではウグイスやホトトギスがしきりに鳴く。多摩では珍しいカッコウの声を聞いたこともある。多摩ニュータウンのそばで、歴史と自然がいっぱいの充実した野山歩きを楽しめる。

小山田緑地のみはらし広場は絶景

　小野路宿通りの中宿バス停から、まずは小野神社前交差点にある小野路宿里山交流館に行こう。この地域の歴史や自然について知ることができる。交流館を出たら、小野神社の前を通って、万松寺谷戸に向かう。徐々に畑や農家など里山らしい風景になる。萬松寺を過ぎると、草木を供養する草木塔があり、眼前に水田が広がる。緑の丘に

小山田緑地みはらし広場の開放感は抜群

囲まれた美しい谷戸だ。

　草木塔からは南に向かう道を行く。小野路の丘は道が入り組んでいて迷いやすい。萬松寺から丘の中心部に向かう道もあるのだが、最初は尾根伝いのこの道を歩き、地形を把握してから丘を逍遥するといい。

　道なりに坂を上り、町田歴環管理組合の建物で右に曲がる。林を進む

と、小野路城址の立て札がある。小山田城の支城だったようだ。次に、小町井戸の立て札があり、小野小町が目を洗って病を治したという伝説が記されている。「仙人水」と呼ぶとも書いてある。

　道の分岐ごとに道標を見て、浅間神社方面、小山田方面、奈良ばい谷戸方面の文字を確認して進む。奈良

旅の歌人、西行ゆかりの仙人水

　小町井戸を「仙人水」とも呼ぶのは、平安時代末の歌人、西行に由来する。鎌倉時代に書かれた『西行物語』では、武士を辞め、出家して東国の旅に出た西行が、秋の夜、武蔵野の人里離れた所で、経を読む老僧に出会う。「仙人かもしれない」と思った西行は、身の上をたずねる。僧は都で皇女に仕える武士だったが、皇女の死後、出家して諸国をめぐった

仙人水とも伝えられる湧き水

のち、ここに庵を結び、60年以上も経を読んで暮らしていると言う。感動した西行は老僧と語り明かし、「いかでわれ清く曇らぬ身となりて心の月の影を磨かむ」と歌を詠んで立ち去った。それがこの場所だという言い伝えがある。

小山田緑地の池

大泉寺の閑寂な境内に建つ山門

ばい谷戸の田に沿った道を下り、道路を渡って、小山田緑地の東口から園内に入る。池の木道を歩き、運動広場を通って、みはらし広場に上ろう。運動広場は、昔は馬場久保といい、中世の牧場跡だという。

みはらし広場は高台の草原で、その名の通り、眺めがとてもよい。天気がよければ、富士山や丹沢の山々を一望できる。みはらし広場から西

に丘を下り、道なりに進むと大泉寺。門前を通り越した鶴見川沿いにバス停がある。

 立ち寄り施設

小野路宿里山交流館　開館時間9時～17時、年末年始休／東京都町田市小野路町888-1／TEL.042-860-4835

🚃 交通アプローチ

行き／京王相模原線・小田急多摩線・多摩モノレール「多摩センター駅」から神奈川中央交通バス「中宿バス停」、または小田急線「鶴川駅」から同「中宿バス停」
帰り／神奈川中央交通バス「大泉寺バス停」から小田急線「町田駅」

🕐 参考タイム

中宿バス停（5分）▶小野路宿里山交流館（2分）▶小野神社（15分）▶万松寺谷戸（20分）▶小野路城址（3分）▶小町井戸（10分）▶奈良ばい谷戸方面の道標（20分）▶小山田緑地東口（10分）▶上池（20分）みはらし広場（15分）▶大泉寺（10分）▶大泉寺バス停

現地情報　小野路里山交流館　東京都町田市小野路町888-1　TEL.042-860-4835
　　　　　小山田緑地サービスセンター　東京都町田市下小山田町361-10　TEL.042-797-8968

8

自然と展望を気軽に楽しむ低山ハイク

大地沢から草戸山へ
おおちさわ　　　くさと

| 歩 行 タイム | 2時間25分 |

| 季 節 | 春 夏 秋 冬 |

草戸山は短時間で登ることができるわりに、山頂からの眺めがよい。登山道は緑いっぱいで、源流探し、山頂の休憩、峠の見晴らしなど、山登りの楽しさがコンパクトに詰まっている。楽々低山ハイキングに出かけよう。

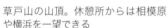

草戸峠からは、
高尾山の眺めが
よい

草戸山の山頂。休憩所からは相模原
や横浜を一望できる

大地沢に向かう道は、のどかな風景が広がる

低山とは思えない眺望のよさ

　町田市と八王子市と相模原市の3市の境を成す草戸山は、標高364メートルの低山だが、山頂からの眺めがよく、充実した登山気分を味わえる。晴れて空気の澄んでいる日には、相模原の彼方に横浜の高層ビル群まで見渡せる。

　境川の源流に位置し、自然が豊かだ。秋の山頂で木の実を集めるリスを見たことがある。梅雨のころ、麓の大地沢では日が暮れると、ホタルが飛ぶ。梅雨は一般に登山に向かないが、短時間で登れる山なので、晴れ間を見計らって出かけ、下山後、ホタルを見て帰るのもいい。

境川の源流から山頂に登る

　青少年センター入口バス停で下車し、地蔵尊のある分岐で右の道を行

く。山裾に民家が点在し、畑が広がる里山らしい風景だ。民家が尽きると青少年センターの駐車場がある。駐車場からセンター本館まで道路も延びているが、沢沿いの木道を歩くと楽しい。梅雨時に、ホタルが飛び交うのは、この木道のあたりだ。

　本館から野外炊飯場を過ぎて橋を渡り、道なりに進むと、草戸峠との分岐に案内図が立っている。境川源流の方に進む。沢は次第に狭くなり、山道になる。「境川源流入口」の道標に従って斜面を登ると、奥まった沢を横切る地点に「境川源流」の標識があり、シダにおおわれた山肌を水が滴り落ちている。

　山道を進むと尾根に出る。尾根道を登り、山の神の祠を通り過ぎて、草戸山の頂に着く。休憩所やベンチ

大地沢には町田市の青少年センターがある

49

登山道に立つ「境川源流入口」の道標　　大戸橋バス停は八木重吉記念館の前

があり、昼食に適した場所だ。

　下山は「草戸峠」方面の道標を確認して出発する。草戸峠では、高尾山がよく見える。

　峠からは道標の「大地沢青少年センター」の道を下る。斜面を下りきると、登りに案内図を見た分岐だ。

　来た道を戻り、青少年センター入口バス停から帰ってもいいが、大戸の集落も歩いてみよう。大戸観音の鐘楼や八木 重 吉記念館がある。八木重吉は、大正から昭和初期の詩人で、

家族や郷里への愛に満ちた純粋で繊細な詩を書いた。記念館は生家で、重吉の詩集『貧しき信徒』から「素朴な琴」の詩を刻んだ碑が立っている。記念館の前には、大戸橋バス停がある。

 交通アプローチ

行き／JR横浜線「相原駅」から神奈川中央交通バス「青少年センター入口バス停」
帰り／神奈川中央交通バス「大戸橋バス停」からJR横浜線「相原駅」

🕐 参考タイム

青少年センター入口バス停（15分）▶木道（10分）▶大地沢青少年センター本館（15分）案内図（15分）▶境川源流（15分）▶草戸山山頂（15分）▶草戸峠（15分）▶案内図（10分）▶本館（20分）▶青少年センター入口バス停（5分）▶大戸観音（10分）▶大戸橋バス停

🏠 立ち寄り施設

大地沢青少年センター　開館時間9時〜16時30分、火曜・祝日の翌日・年末年始休／東京都町田市相原町5307-2／TEL.042-782-3800

八王子・高尾山エリア

滝山城跡　古城跡の南、古峯の道から池跡の谷を下る小道。春、桜林が咲き始めるころ、足元では枯れた下草の間から、春の日の光を喜ぶかのように、スミレ、タンポポなど野草の花も咲く。

☞ 60 ページ「滝山城、城跡から桜の林へ」参照

9

八王子の街を清流に沿って歩く
浅川大橋から南浅川の武蔵野陵へ

歩 行タイム	3時間 15 分
季 節	春 夏 秋 冬

八王子市の浅川は、人口 58 万人の都市を流れる川とは思えないほど、水が澄んでいる。「ゆったりロード」が設けられた川岸は、車を気にせず歩くことができて快適だ。八王子駅から武蔵陵墓地まで、浅川の岸を歩いてみよう。

陵南公園近くの川岸で、歩いてきた
南浅川を振り返る

河川距離標の
キロポスト

河川敷広場付近で、北浅川（奥）と南浅川（左）が合流する

生糸と清流で知られた八王子

「浅川を渡りて見れば富士の嶺の桑の都に青嵐吹く」。桑の都は八王子の街のことで、その美しさを讃えた和歌だ。江戸後期、百枝翁という人の書いた『八王子名勝志』から引用した。同書は歌の作者を読人しらずとしている。

現在の八王子の市街地は、北条氏

ほとんどの橋はくぐって進むことができる

照の八王子城が落城したあと、徳川家康が江戸に入り、八王子城の旧城下町を甲州街道沿いに移したことによって生まれたという。以来、八王子は周辺地域の産物の集散地として発展。江戸中期からは、生糸や絹織物の生産でも繁栄する。冒頭の和歌は、そのころのものだ。

江戸時代の浅川は、幕府の地誌『新編武蔵風土記稿』に「流れいと清し、鮎魚多く生ず」と記されるほどの清流だった。

陣馬山や高尾山を源にして、八王子の街を流れる浅川は、今も清流だ。近年はますます水がきれいになったのか、初夏に川面を眺めると、アユの稚魚の群れを見かける。

武蔵陵墓地の北山杉の参道

昭和天皇武蔵野陵

青嵐吹く、新緑の岸辺の散策もよいものだが、桜の花が咲いた浅川は一段と華やかだ。花見がてら川岸を歩きに行こう。

春爛漫の岸辺は心が浮き立つ

京王八王子駅から北に歩き、国道20号の甲州街道を渡り、浅川の岸に出る。京王線の駅の方が近いが、JR八王子駅から歩いてもいい。

浅川の土手に上がったら上流に向かう。このあたりは河川敷が広く、川面はよく見えないが、大空の下で晴れ晴れとした気分になる。浅川大

橋、暁橋（あかつき）ともに、橋の下を進むことができて楽だ。このルートは八王子市の「浅川ゆったりロード」の一部で、ウオーキングやサイクリング用に整備されて歩きやすい。堤の上には所々、多摩川との合流点からの距離を記したキロポストもあり、歩く励みになる。

萩原橋（はぎわら）を過ぎると、鶴巻橋（つるまき）と八王子市役所の建物が見えてくる。市役所付近は河川敷広場になっていて、水辺で憩う人や川遊びを楽しむ家族が多い。陣馬山から流れてきた北浅川と高尾山から流れてきた南浅川が

ハイキングの途中に彫刻を鑑賞

八王子市は街なかで彫刻を見かけることが多い。浅川の市役所近くの鶴巻橋の上には8作品も置いてあり、野外美術館のようだ。八王子の歴史を踏まえ、「桑の都」と題した女性像もある。美術愛好家は、河川敷広場を通るとき、鶴巻橋を渡って、風景とともに鑑賞しよう。

八王子市役所にある彫刻『平和の朝』

市役所の玄関前にある圓鍔勝三（えんつばかつぞう）の作品も見ごたえがある。圓鍔勝三は、昭和から平成に活躍した広島県出身の彫刻家。明るく詩情豊かな人物像によって、平和や希望の大切さを伝えようとした作品が多い。被爆都市広島の駅前には、八王子市役所の『平和の朝』と同様のモチーフの作品が展示されている。

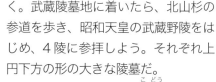

合流する地点で、河原は広く、気持ちがよい。

河川敷広場からは南浅川の岸を歩く。川幅は狭くなるが、横川橋、水無瀬（みなせ）と歩き進むにしたがって、上流に見える高尾山周辺の山並みが近づき、景色がよい。五月橋のあたりから、南浅川橋のたもとの陵南（りょうなん）公園までの両岸は、ひときわ桜が多く、あでやかな眺めだ。

陵南公園の分園から南浅川橋を渡って浅川の岸を離れ、本園を通り抜け、武蔵陵墓地までケヤキ並木の道を行

く。武蔵陵墓地に着いたら、北山杉の参道を歩き、昭和天皇の武蔵野陵をはじめ、4陵に参拝しよう。それぞれ上円下方の形の大きな陵墓だ。

武蔵陵墓地からは、古道橋（こどう）で南浅川を渡り、旧甲州街道を西に歩き、現代の甲州街道国道20号を渡って、高尾駅に向かう。

🚆 交通アプローチ
行き／京王線「京王八王子駅」
帰り／JR中央本線・京王高尾線「高尾駅」

🕐 参考タイム
京王八王子駅（10分）▶浅川河川敷（10分）▶浅川大橋（20分）▶浅川橋（15分）▶萩原橋（20分）▶市庁舎前浅川河川敷広場・北浅川と南浅川の合流点（15分）▶水無瀬橋（15分）▶東横山橋（30分）▶南浅川橋（15分）▶武蔵陵墓地総門（10分）▶昭和天皇武蔵野陵（10分）▶武蔵陵墓地総門（15分）▶町田街道入口（10分）▶高尾駅

🏛 立ち寄り施設
武蔵陵墓地　参拝時間9時〜16時（参入は15時30分まで）、行事による休有／八王子市長房町1833／TEL.042-661-0023

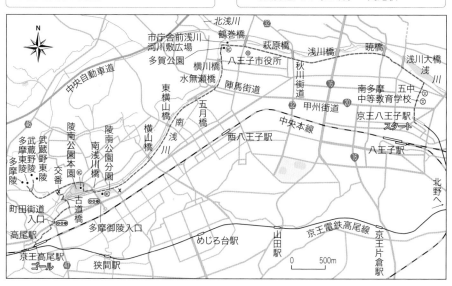

現地情報　八王子観光コンベンション協会　東京都八王子市旭町1-1 セレオ八王子北館9F
TEL. 042-649-2827

10

国破れて山河あり、戦国時代を代表する山城
八王子城、麓の御主殿跡から山頂へ
ごしゅでん

歩 行 タイム	2時間50分
季 節	春 夏 秋 冬

八王子城は国の史跡、日本城郭協会選定の「日本100名城」の一つ。全国の城好きの間で有名な城だ。登りがいのある山で、平地の城を見物するつもりで行くと、くじけてしまうかもしれない。山上からは関東平野を一望できる。

関東平野を一望する松木曲輪。古戦場にハイカーが集まり、穏やかな時間が過ぎていく

スミレの花咲く、城跡の春

城主の館や庭園が発掘された御主殿跡

は1日で落城した。八王子城が落ちたことで士気をそがれた北条氏は、小田原城を開城した。

多くの命が失われた古戦場を訪ねるのは心が痛む。しかし、ここは関東の歴史を変えた重要な史跡である。一度は見ておきたい。

北条氏が甲州方面の抑えに築城

八王子城は、戦国時代、武将の北条氏照が築いた山城だ。八王子の市街地の西、深沢山とも城山とも呼ぶ標高約450メートルの山の頂上に本丸跡、山麓に城主の居館跡がある。麓から山頂まで歩くと、戦国時代の実戦的な城が、どのようなものだったのか、よくわかる。

天正18（1590）年に豊臣秀吉が攻めてくるまで、関東地方は北条氏が支配していた。北条氏は相模の小田原城を拠点に関東各地に数多くの支城を設けていたが、八王子城は特に重要だった。甲州方面からの敵の侵攻に備える必要があったためだ。しかし、天下統一をもくろむ秀吉の命で、前田利家と上杉景勝の軍が攻めてきたとき、城主の氏照は小田原城を守るため不在だった。八王子城

草木深き、兵どもが夢の跡

八王子城跡バス停はガイダンス施設に隣接している。入館して、城の歴史と遺跡の場所を把握しておこう。施設を出て谷を奥に進むと管理棟があり、道が分かれる。右手の山に向かう道は山頂の本丸跡に至り、左手の谷の奥に向かう道は御主殿跡に通じている。

まずは氏照の居館があった御主殿跡を見よう。城主は、山の上の本丸

城名のもとになった八王子神社

57

山頂に本丸跡の碑が立っている

宗関寺には江戸時代の梵鐘がある

ではなく、麓の館に住んでいた。曳橋を渡ると、真っすぐには進めないようにした「虎口」と呼ぶ出入口がある。石垣と土塁を組み合わせた見事な造りだ。織田信長が築いた安土城の影響が見られるという。

　虎口を抜けると御主殿跡で、建物の礎石が復元されている。御主殿跡の南側の谷には、小さな滝がある。「御主殿の滝」といい、落城の折、城に詰めていた人々の自刃の悲劇を伝える場所である。

　管理棟まで戻って、本丸跡がある山頂に向かう。鳥居をくぐると、山道になる。戦国時代の山城は敵の襲来に備えて樹木を伐採し、見通しが利くようにしていたはずだが、今は鬱蒼とした森だ。途中の道標では「八

信長とは友好関係だった北条氏

　豊臣秀吉と対立した北条氏だが、織田信長との関係は良好だった。信長に仕えた太田牛一が書いた『信長公記』では、天正8（1580）年、北条氏は、鷹狩りの鷹、馬、酒、肴などを京都に滞在中の信長に献上している。信長は関東八州を北条氏の領国と認め、使者に「京都をゆっくり見物して、安土にもお寄りください」と上機嫌で述べ、さっそく鷹狩りに出かけた。

江戸時代に追善供養で建てた北条氏照の墓

さらには「京都でみやげをお買いなさい」と言って、使者たちに金銀を贈っている。

　しかし、信長が没し、秀吉が天下取りに乗り出すと、北条氏をめぐる情勢は急転。秀吉は20万人もの大軍で北条氏を攻撃したのだった。

虎口から門を入ると御主殿跡

王子神社」の方に進む。急斜面を登り、眼下に武蔵野を一望する場所まで来ると、山頂は近い。

　八王子神社は、築城前からこの山に鎮座していた。氏照は城の守護神とし、城名も八王子城にしたという。神社から一息で本丸跡の山頂だが、見晴らしはよくない。休憩や昼食には八王子神社の南の松木曲輪（くるわ）がよい。眺望に優れ、テーブルやベンチもあ

る。中の丸とも呼ばれ、中山家範（いえのり）が奮戦ののち討ち死にした場所だが、武蔵野や高尾山の眺めはのどかだ。

　下山後は、宗関寺（そうかん）に立ち寄るといい。家範の武勇を聞いた家康は、息子たちを家臣として召し抱えた。一人は水戸藩の家老になり、その子孫が寄進した梵鐘がある。

🚃 交通アプローチ

行き／ JR 中央本線・京王高尾線「高尾駅」から土日祝は西東京バス「八王子城跡バス停」、平日は同バス「霊園前・八王子城跡入口バス停」

帰り／ 西東京バス「霊園前・八王子城跡入口バス停」から JR 中央本線・京王高尾線「高尾駅」

⏱ 参考タイム

八王子城跡バス停（2 分）▶ ガイダンス施設（5 分）▶ 管理棟（10 分）▶ 曳橋（5 分）▶ 御主殿跡（3 分）▶ 御主殿の滝（15 分）▶ 管理棟（35 分）▶ 八王子神社（5 分）▶ 本丸跡（5 分）▶ 松木曲輪（35 分）▶ 管理棟（20 分）▶ 北条氏照の墓（15 分）▶ 宗関寺（15 分）▶ 霊園前・八王子城跡入口バス停

🏠 立ち寄り施設

八王子城跡ガイダンス施設　開館時間 9 時〜 17 時、年末年始休・臨時休有／東京都八王子市元八王子町 3-2664-2 ／ TEL. 042-663-2800

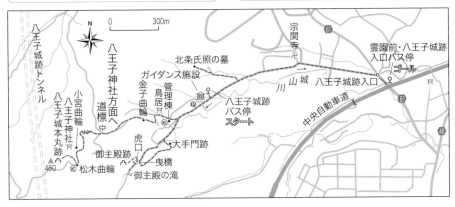

現地情報　八王子市教育委員会生涯学習スポーツ部文化財課　東京都八王子市元本郷町 3-24-1　TEL.042-620-7265

11

古城の丘は、別天地のような桜の園
滝山城、城跡から桜の林へ

歩 行 タイム	2時間
季 節	春 夏 秋 冬

滝山城は花の名所。春は城跡も尾根も谷も桜が咲き乱れる。陽あたりのよい谷の桜木の下には、野草の可憐な花も咲く。新緑や紅葉も美しい。城跡は歩きやすくて、分かりやすく、戦国時代の城のモデルケースを見るようだ。

咲き始めたばかりの滝山の谷の桜林。満開になれば、奈良の吉野山にも負けないほどの美しさだ

滝山城は「続日本100名城」の一つ

中の丸跡と本丸跡の間の空堀に架けた引橋

戦国の城跡の丘をおおう
絶景の桜

滝山の魅力は城跡だけではない。春は5千本もの桜が咲き乱れる花園になる。中の丸の広場の明るく華やかな桜もよいが、二の丸から南東に延びる尾根や「池跡」と呼ぶ谷を埋めるような桜の林の景観は、幻想的な美しさだ。春の滝山の谷は花の色に染まり、別天地に来たかと思うほどで、家に帰ることを忘れてしまいそうになる。さらには、秋の桜の紅葉も古城ならではのもの寂しさが漂って趣がある。

滝山城は、戦国武将、北条氏照の八王子城の前の居城だった。多摩川沿いの標高160メートル程度の丘陵にあり、南には平地が広がる平山城だ。この城は元々の縄張り（設計）が整っているうえに、地形や遺跡の保存状態がよく、戦国時代に興味がある人は必見である。

滝山城の縄張りは、乱世の城としては優美すぎたのかもしれない。永禄12（1569）年、氏照は、甲斐の武田信玄の攻撃を受ける。信玄軍の本隊は多摩川対岸の拝島に布陣し、家臣の小山田信茂の軍が小仏峠を越えてやってきた。氏照は高尾山麓の廿里で迎え撃つが、敗退し、滝山城を攻められる。あわや落城というところで、信玄は攻撃をやめて小田原城に向かい、氏照は九死に一生を得る。滝山城の弱さと甲州方面を守る重要性を実感した氏照は、甲州との国境に近い深沢山に堅固な八王子城を築くことにしたという。

中の丸跡の桜。谷の桜林よりも早く咲く

中の丸跡の展望所から眼下に多摩川を見る

谷の斜面の桜林に座って日向ぼっこ

丘の上を散策、ゆったりと時を過ごす

　滝山城址下バス停で下車したら街道沿いに立つ「滝山城跡入口」の標識に従って丘を登る。竹林は雑木林になり、広い草原の千畳敷跡あたりから景観が城跡らしくなる。

　坂道がなだらかになると丘陵の上だ。二の丸跡の分岐に「本丸・中の丸」と「信濃曲輪」と記した道標がある。まずは、中の丸跡に行こう。中の丸跡は、春は花見客でにぎわう所で、滝山城の説明板やトイレがある。北側の展望所からは、眼下に多摩川、拝島の町、武蔵野、狭山丘陵など望むことができる。

　中の丸から引橋を渡った所が、本丸跡。城跡碑が立ち、霞神社と金毘羅社がある。

　二の丸跡の分岐に戻って、信濃曲輪（信濃屋敷跡）に向かう。道は突然、谷の縁に突き当たる。見下ろす谷は斜面も底も桜の林だ。谷の縁を南東の方に続く尾根道を歩く。道の途中、谷底に向かう小道があるので下りてみるといい。谷の斜面には季節に応じて、スミレ、リンドウ、キジムシロなど、小さな花々が咲いている。

　尾根の道は「古峰の道」という呼び方もあり、東京都の「かたらいの路」の一部でもある。かたらいの路

立ち寄り施設（車の場合）
道の駅八王子滝山　営業時間９時〜21時、無休／東京都八王子市滝山町1-592-2／TEL.042-696-1201

大田南畝もほめた春の滝山

　江戸時代の狂歌師、大田南畝は幕臣として多摩川の堤防巡視を務めていたとき、滝山に登った。南畝は巡見の記録『調布日記』で滝山の風光を賛美している。

本丸跡に立つ滝山城跡の碑

　「山の絶頂にのぼればたいらかにして金毘羅大権現の社あり。社頭に桜多し。山を名づけて瀧山と云。（略）見わたす所、玉川の流れ一匹の練絹をひくがごとく、秋川の流おちあひて、みなかみ遠く羽村の方までみゆ」と眺望を満喫。昼食後は丹木方面に下る。日記は「山つづきの道をつたひゆく。桃の花やや咲出たり。谷あひの平かなる所に古き井あり、（略）これは北條氏照の城跡にして……」と続く。春の滝山の風景は、江戸の昔も今も美しい。

の案内図がある場所から尾根伝いに
さらに歩くことも滝山街道に下りる
こともできるが、案内図で折り返し、

滝山城跡入口に下ることをすすめる。
道を先に進むよりも谷の斜面に座っ
て草花を眺め、鳥の声を聴き、ゆっ
たりと時を過ごしたい。

🚋 交通アプローチ

行き／京王線「京王八王子駅」または JR 中
央本線「八王子駅」から西東京バス「滝山城
址下バス停」
帰り／西東京バス「滝山城址下バス停」から
JR 中央本線「八王子駅」または京王線「京
王八王子駅」

🕐 参考タイム

滝山城址下バス停（15分）▶千畳敷跡（15分）
▶中の丸跡（5分）▶本丸跡（5分）▶二の
丸跡（15分）▶池跡（25分）▶かたらいの路・
滝山コース案内図（25分）▶二の丸跡（15
分）▶滝山城址下バス停

現地情報 八王子市産業振興部観光課　東京都八王子市元本郷町 3-24-1　TEL. 042-620-7378

12

薬王院の参道を登り、沢沿いの山道を下る

高尾山、1号路から6号路へ

歩 行 タイム	3時間25分
季 節	春 夏 秋 冬

高尾山は、春の花、初夏の新緑、夏の涼風、秋の紅葉と、一年中、訪れる者を楽しませてくれる。行楽シーズンは大にぎわいで、ケーブルカーの待ち時間がニュースになるほどだ。しかし、麓から登る道は意外にすいていたりする。

6号路は自然あふれる沢沿いの道。この沢の水は、案内川、浅川を経て、多摩川にそそぐ

薬王院境内の大天狗、小天狗のいかめしい像

山門手前の杉並木と杉苗奉納者の芳名板

自分の足で歩いて登り、歩いて下りよう

　高尾山はケーブルカーに乗らなければ登れないと、思い込んでいないだろうか。そんなことはない。高尾山は道が整備されているため、意外にたやすく登ることができる。薬王院の表参道の1号路は特に歩きやすい。下山は1号路とは雰囲気を変えて、沢沿いの山道、6号路を歩いては、どうだろう。ただし、連休や紅葉の時期、6号路は登りの一方通行になることがあるため、高尾ビジターセンターのホームページで確認してから出かけよう。

　静かな山歩きをしたいなら、行楽シーズンは、やはり避けた方がよい。比較的登山者の少ない梅雨入り前、6号路の杉の大木にラン科のセッコク

の白い花が咲く。ほのかに紅色に見える花もある。樹上高くに咲いているため、気づかずに通り過ぎる人が多く、知る人ぞ知る夏の高尾の風物詩だ。美しい花との出会いを楽しみに高尾山に登ってみよう。

深山幽谷に遊ぶような6号路

　高尾山口駅からケーブルカー清滝駅前の広場まで来たら、「高尾山薬尾院」の山号碑が立つ道を行く。山頂まで通じている1号路だ。舗装道路だが、一般車は通らず静かだ。

天気に恵まれれば、山頂から富士山が見える

谷から尾根に上がる直前、金比羅台への分岐がある。金比羅台は展望が利く。天気のいい日は寄ってみよう。ここからは尾根道になり、坂は緩やかで歩きやすい。ケーブルカーの高尾山駅が近づくとハイカーや参拝者が増え、にぎやかだ。

十一丁目茶屋から蛸杉を過ぎると「霊気満山」の扁額を掲げた浄心門がある。ここから薬王院の境内。門のたもとに役行者をまつる堂があり、

6号路の杉の木に着生して咲いたセッコク

修験道や山岳信仰の雰囲気が漂う。

左の男坂、右の女坂の分岐は、どちらを進んでも権現茶屋の前に出る。杉の巨木と杉苗奉納者の芳名板が並ぶ道をたどると、大きな山門に至る。門を入ると、高尾山に棲むという大天狗、小天狗の像がある。石段を上り、仁王門を入り、本堂。さらに登ると、飯縄権現堂。どちらの堂も天狗の像に守られている。

不動堂と浅間社を過ぎると、山岳信仰の気配は薄れ、自然を楽しむ山歩きになる。大きな建物のトイレが見えてくると、山頂は近い。

山頂には、ビジターセンターや茶屋がある。天気がよければ、富士山が見える。

休憩を終えたら奥高尾方面に下る。山頂を一周する5号路に交差したら、道標を確認して「5号路（稲荷山コー

子規と鳴雪の高尾山登山

明治の俳人、正岡子規は病床に伏す前、よく旅をした。明治25（1892）年12月には、八王子駅から歩いて高尾山に登っている。

初冬にしては暖かい日だったようだ。『高尾紀行』を読むと、登りの道では同行の内藤鳴雪が「目の下の小春日和や八王子」の句を詠み、山頂では子規が「凩をぬけ出て山の

金比羅台から八王子の街を望む

小春かな」と詠んでいる。子規は「不二を背に筑波見下す小春かな」の句も詠んだが、鳴雪は凩の句の方がよいと言った。鳴雪は45歳を過ぎて、20歳も年下の子規の弟子になった人だ。漢籍、漢詩に造詣が深く、人柄がよく、子規の門人たちから慕われたという。そういう人に私もなりたい。

琵琶滝は心身の穢れを去り清浄にする水行道場

ス・6号路方面）」に進む。稲荷山コースの分岐を過ぎると、6号路の分岐があるので、その道を下る。

　沢沿いの山道で、1号路に比べて滑りやすい。急がずゆっくり歩こう。5月下旬から6月上旬、大山橋から琵琶滝の間で、杉の大木の幹や枝に

注意を払っていると、セッコクの花を見つけることができる。見上げながら歩くと足元が危ないため、立ち止まって花を探そう。

　垢離場（水行道場）の琵琶滝あたりから、沢は大きく深くなる。妙音橋からは車道を歩き、ケーブルカーの清滝駅前に下山する。

🚃 交通アプローチ

行き／京王高尾線「高尾山口駅」
帰り／京王高尾線「高尾山口駅」

🕐 参考タイム

高尾山口駅（5分）▶ 1号路入口（25分）▶ 金比羅台（25分）▶ ケーブルカー高尾山駅（10分）▶ 浄心門（15分）▶ 薬王院（20分）▶ 高尾山山頂（5分）▶ 奥高尾の標識（20分）▶ 5・6・3号路の分岐（50分）▶ 琵琶滝（20分）▶ ケーブルカー清滝駅（10分）▶ 高尾山口駅

🏛 立ち寄り施設

高尾ビジターセンター　開館時間10時〜16時、月曜（祝日の場合は翌日）・年末年始休／東京都八王子市高尾町2176／TEL. 042-664-7872

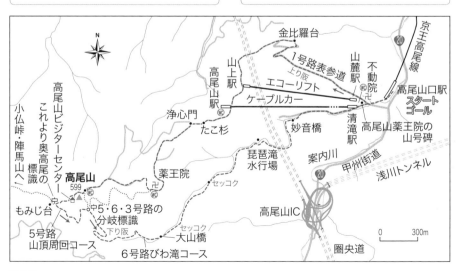

現地情報　高尾ビジターセンター　東京都八王子市高尾町2176　TEL.042-664-7872

13

童謡「夕焼け小焼け」が生まれた山里
陣馬街道、上恩方（かみおんがた）

歩 行タイム	2時間20分
季 節	春 夏 秋 冬

八王子市上恩方は、童謡『夕焼け小焼け』の作者、中村雨紅（うこう）のふるさと。歩くと平凡な田舎だが、東京近郊では、それが最も貴重な風景だ。田畑、集落、山寺、魚を釣る川、リンゴ園。上恩方の景色は、そのまま童謡の世界だ。

北浅川沿いを通る陣馬街道。右手の高台はリンゴ園、左の河原はマス釣り場

陣馬街道の案内標識

八王子市役所恩方事務所前のバス停を出発

郷愁を誘う日本の田舎の風景

　大正8（1919）年に中村雨紅が書いた「夕焼け小焼けで日が暮れて、山のお寺の鐘が鳴る」で始まる童謡『夕焼け小焼け』は、時代が移り変わっても歌い継がれている。聴くと、誰もが自分の子供時代を懐かしく思い出してしまうところが、この歌の魅力なのだろう。

　雨紅は、明治30（1897）年、南多摩郡恩方村上恩方（現在の八王子市上恩方町）の宮司の家に生まれた。東京の師範学校を卒業して小学校に

勤め、児童の情操教育のため、童謡を書くようになった。野口雨情を尊敬し、雨の一字を取って、筆名を中村雨紅にした。

　上恩方は陣馬山の麓、北浅川が流れる山里だ。陣馬街道に沿って集落や田畑がある。雨紅が生まれ育ったころの風景とは変わっているのだろうが、今も山は緑で、川の水は澄み、集落には寺や神社や学校や郵便局がある。自然豊かな環境で、農山村の暮らしがしっかり営まれていて、歩いていると心地よい。

　ハイキングに適した季節は、田畑や山々が鮮やかな初夏だが、リンゴ園がいくつもあり、もぎ取りを楽しめる秋のハイキングも楽しい。暑い夏も川沿いの道を歩いていると、田舎で過ごした小学生時代の夏休みを思い出す。山里の散歩は、いつでも心が晴れる。

興慶寺の鐘、宮尾神社の歌碑

　恩方事務所バス停で下車し、西の山に向かって、陣馬街道を歩く。浄福寺の門前を過ぎ、集落や林や中学校を過ぎると、北浅川の岸の道になる。進むにつれて、田舎の風景になっていく感じが、とてもいい。

古い民家が立ち並ぶ駒木野の集落

黒沼田の水田風景。稲の葉が風にそよぐ

北浅川の橋を渡り、駒木野の集落を行く。情緒ある家並みだが、歩道がないので、車に注意する。黒沼田橋を渡ると、水田が広がっている。山がちの上恩方にしては珍しい風景だ。

狐塚バス停を過ぎると、高台に興慶寺がある。『夕焼け小焼け』の鐘が鳴る山寺は、この寺がモデルではないかともいう。ぜひ、立ち寄っておこう。境内には鐘楼のほかに、雨紅の『ふる里と母と』の歌碑もある。

陣馬街道に戻って先に進む。川にはマス釣り場、斜面にはリンゴ園、のどかな眺めだ。

宮の下バス停を過ぎ、中村雨紅の墓を過ぎると、夕やけ小やけふれあいの里の入口。園内に入らなくても農産物直売所、トイレ、バスの待合所、

興慶寺の鐘楼。境内の高所にある

夕焼け小焼けの寺は、どこか

『夕焼け小焼け』の鐘は興慶寺に決まったわけではなく、どの寺かという議論が昔からある。雨紅自身は「どこで、どんな場合に作詞されたかについては、三十五、六年も前の事でこれもどうもはっきりした覚えがありません」(『中村雨紅詩謡集』)と言っている。雨紅が東京から帰省する際、八王子から実家まで歩くと、よく途中で日が暮れた。「それ

宮尾神社境内の『夕焼け小焼け』の碑

に幼い頃から山国での、ああいう光景が心にしみ込んでいた」ため、郷愁などの感傷が加わってできたのだと思うと語っている。もしかしたら、モデルになった寺はあるのだが、雨紅は優しさから、どの寺と言わなかったのかもしれない。

大型駐車場などがあり便利だ。

さらに街道を進むと、雨紅の生家である宮尾神社の案内看板が立っている。宮尾神社の境内には『夕焼け小焼け』の碑がある。

神社から街道に戻って進むと、レトロな洋館風の上恩方郵便局と江戸時代に旅人や荷物を取り締まった口留番所跡がある。陣馬街道は古くは案下道（あんげみち）と呼び、上恩方名産の炭の運搬や甲州街道の裏街道として利用された。ここからは関場バス停が近いが、夕やけ小やけふれあいの里に戻り、地元の野菜を買って帰るのもいい。

洋館風建築の上恩方郵便局

🚋 交通アプローチ

行き／JR中央本線・京王高尾線「高尾駅」から西東京バス「恩方事務所バス停」
帰り／西東京バス「関場バス停」からJR中央本線・京王高尾線「高尾駅」

🕐 参考タイム

恩方事務所バス停（3分）▶浄福寺（35分）▶駒木野（10分）▶黒沼田（20分）▶興慶寺（20分）▶マス釣り場（30分）▶夕やけ小やけふれあいの里管理事務所（10分）▶宮尾神社（10分）▶口留番所跡（2分）▶関場バス停

🏛 立ち寄り施設

夕やけ小やけふれあいの里　開園時間9時〜16時30分（11月〜3月16時）、無休、入場料大人200円、中学生以下100円、4歳未満無料／東京都八王子市上恩方町2030／TEL. 042-652-3072

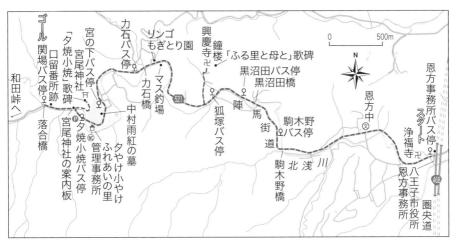

14

白馬の像が立つ大展望の山頂を目指して
陣馬高原下から陣馬山へ

歩 行 タイム	3時間10分
季 節	春 夏 秋 冬

陣馬山の頂上は空が広い。「ほんとの空」があるとしたら、この山の上に広がる空が、きっとそうだ。白馬の像が入道雲と一緒に駆けるかのような夏、天がひときわ高く感じられる秋、陣馬山は何度登っても気分爽快になる。

白馬の像は陣馬山のシンボル。山頂の見晴らしは、多摩・奥多摩の山々のなかでも抜群

都県境の山頂には神奈川県の道標も立つ

陣馬高原下のバス停から歩き始める

陣馬山か、陣場山か

八王子市上恩方の西端、神奈川県との境にそびえる陣馬山（標高855メートル）は「陣場山」とも書く。山の北側には和田峠があり、「陣馬街道」とも呼ぶ都道521号が通り、相模原市緑区や山梨県上野原市に通じている。

陣馬山から東に流れる川は、案下川という。案下は歴史ある地名で、江戸時代の『武蔵名勝図会』は、和田峠を案下峠、陣馬山を案下嶺と記

陣馬街道の新ハイキングコース入口

している。「陣場山」という山名も古く、由来は、戦国時代に甲斐の武田軍が北条氏の滝山城を攻めた際、この山に陣を張ったとも、猟師の野営場があったともいう。それが陣馬山として広まったのは、昭和の高度経済成長期、京王電鉄が「陣馬山」や「陣馬高原」として観光PRを行って以降のこと。山頂の「白馬の像」も昭和44（1969）年にできた。高原を駆ける馬や白馬のイメージは、当時の人々にあこがれを抱かせるものがあったのだろう。

陣馬街道と分かれて山道を登る

和田峠まで車で上がれば、陣馬山は手軽に登ることができるが、麓から歩いて登った方が、山頂に立ったとき充実感が大きい。

陣馬高原下行きバスの終点で下車する。バスの折返場にはトイレがある。道路の青い案内標識を見て「和田峠」の方に歩けば、すぐに分岐に「和田峠・陣馬山」の道標がある。

時折通る車に注意しながら陣馬街道を30分ほど進むと、左手に案内図と「陣馬山新ハイキングコース入口」の標識が立っている。ここで陣馬街道と別れ、山道を行く。針葉樹の植

林を登っていく道で、夏はタマアジ
サイの淡紫色の花が路傍を彩る。ス
ギなどの根が地面をはうように露出
した山道は歩きにくいが、京都鞍馬
の木の根道のようで風情も感じる。
　道標があるたびに「陣馬山山頂」
の方向を確認して先に進む。「高尾山・
景信山方面」との分岐辺りから広葉
樹林になり、ほどなく草原の広がる
山上に出る。白馬の像が立つ山頂は、
360度の眺望だ。景色を楽しみ、十
分に休んだら、下山は和田峠を経由
して、陣馬高原下バス停まで陣馬街
道を歩いて戻ろう。

木の根が露出した登山道

🚃 **交通アプローチ**

行き／JR中央本線・京王高尾線「高尾駅」
から西東京バス「陣馬高原下バス停」
帰り／西東京バス「陣馬高原下バス停」か
らJR中央本線・京王高尾線「高尾駅」

🕐 **参考タイム**

陣馬高原下バス停（30分）▶新ハイキング
コース入口（1時間10分）▶陣馬山山頂（25
分）▶和田峠（40分）▶新ハイキングコー
ス入口（25分）▶陣馬高原下バス停

🏠 **立ち寄り施設**

清水茶屋　営業時間9時〜16時、木曜休／
陣馬山山頂（神奈川県相模原市側）／TEL.
042-687-2155

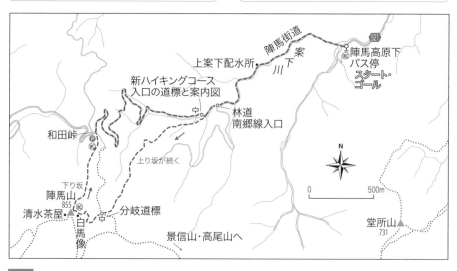

秋川エリア

秋川渓谷、石舟橋の付近　秋川の景色を「健康な田舎娘のように愛らしく可憐」と形容した昔の作家がいる。言い得て妙だ。秋川は、春は花見、夏は水遊び、秋は紅葉狩りと、一年中、私たちを楽しませてくれる。
☞ 76 ページ「秋川渓谷、光厳寺から龍珠院へ」参照

15

春の一日、川辺の里で花の寺めぐり
秋川渓谷、光厳寺から龍珠院へ

歩行タイム 2時間10分

季節 春 夏 秋 冬

ふだんは緑豊かな東京の田舎といった雰囲気の秋川沿いの集落は、春、桜の開花とともに、一気に華やかな装いになる。光のどかな春の日、戸倉の光厳寺から乙津の龍珠院まで歩いて、花と清流と里山の景色を満喫しよう。

龍珠院は小さな寺だが、春の境内や参道は桜やミツバツツジに彩られて美しい

龍珠院で地元の産物の店番をしていた人形

光厳寺のヤマザクラの巨樹

星竹橋から秋川の上流側の眺め

唱歌のような懐かしい里山風景

　奥多摩の山々に始まり、檜原村（ひのはら）からあきる野市を流れ、昭島市拝島付近で多摩川に合流する秋川。本流の多摩川に比べれば、水量は少なく、浅瀬が多い。夏、武蔵五日市駅近くの秋川橋や少し上流の小和田橋のあたり、さらに川上の落合橋や石舟橋の付近で、水遊びを楽しむ家族やグループをよく見かける。

　上流域の檜原村では南秋川と北秋川に分かれ、谷は深く、岸に山がせまっているが、あきる野市に入ると谷は広く、山も丘陵のようになる。あきる野市は、阿伎留（あきる）神社や広徳寺など古社寺が多く、景色にも里山の趣があり、『故郷（ふるさと）』や『朧月夜（おぼろづきよ）』といった唱歌の世界を思わせるのどかさが、今も感じられる。

　今回は、秋川渓谷の古刹のなかでも花の美しさで知る人ぞ知る２つの寺、戸倉の光厳寺から乙津の龍珠院まで歩いてみよう。

　春のうららかな日に、陽あたりのよい山の斜面に建つ寺の境内で、満開の花に包まれていると、幸せな気持ちで心がいっぱいになる。

花に埋もれる山寺で春を喜ぶ

　戸倉のバス停で下車すると、中世に戸倉城があった城山がそびえている。先の道のりが長いため割愛するが、登れば、山頂からあきる野市を一望できる。中腹に建つ光厳寺は、南北朝時代の前、建武の新政のころ、足利尊氏（あしかがたかうじ）が創建したと伝わる名刹。建物も良いが、名高いのは山門前の崖に生えたヤマザクラの古木だ。樹齢推定400年、都の天然記念物。ヤマザクラは開花と同時に若葉が出る。そこがまた、老いてますます壮（さか）んな印象を与える。

　光厳寺から北に向かい、三嶋神社

樹間に清流を楽しみながら秋川をさかのぼる

の鳥居前を過ぎて麓に下る。この辺りは秋川の右岸（下流に向かって右）よりも左岸（同左）の方が車の通行が少ないため、檜原街道を戸倉新道交差点で渡り、星竹橋で秋川を越え、左岸に沿って上流に向かう。

　バーベキュー場、こんにゃく屋を過ぎて、檜原街道の十里木交差点か

ら落合橋を渡ってきた道と合流して、秋川支流の養沢川をさかのぼる。養沢川は奥多摩の御岳山や大岳山に降った雨を集めて流れ、源流には御岳山のロックガーデンや七代の滝がある。道路下の川辺に見える堂は徳雲院。この寺も風情がある。

　さらに進み、新橋で養沢川を渡っ

夏の夜は秋川でホタル見物

　梅雨の時期、落合の徳雲院のわきを流れる養沢川の岸はホタル見物におすすめの場所。ホタルの観賞は水辺の闇のなかで行うことになるため、足元が見えず危ない。その点、徳雲院付近の川岸には遊歩道が設けられていて安心できる。それでも日が暮れる前に場所を確保し、暗くなったらあまり動かないようにしよう。ここのホタルは明るくゆっ

徳雲院の川岸で日暮れを待つ

くり明滅するゲンジボタル。川の音だけが聞こえる暗闇のなか、飛び交うホタルの光は幻想的だ。出現数は年によって増減があるが、例年6月中旬から下旬が盛り。十里木の公共駐車場に車を停めて都道201号を歩いていくとよい。

たら、民家の壁の「瀬音の湯」の看板に従って左折。ここから道は川を離れ、畑に農家が点在する丘を越える。製材所の辺りから道は緩やかな下りになり、神明社の隣が、目的地の龍珠院だ。

参道の入口に並ぶ地蔵に導かれるようにして堂まで上る。道の両側には桜やミツバツツジや菜の花が咲き乱れ、境内は花に埋もれている。本堂で合掌礼拝。振り返ると、秋川の谷も向かいの山もあちこち花盛りだ。

帰路は秋川の乙津橋を目当てに下り、檜原街道の荷田子バス停で武蔵五日市駅行を待つ。

落合の徳雲院。光厳寺、龍珠院ともに禅寺

🏠 立ち寄り施設
秋川渓谷瀬音の湯　営業時間10時〜21時、不定休／東京都あきる野市乙津565／TEL.042-595-2614

🚃 交通アプローチ
行き／JR五日市線「武蔵五日市駅」から西東京バス「戸倉バス停」
帰り／西東京バス「荷田子バス停」からJR五日市線「武蔵五日市駅」

🕐 参考タイム
戸倉バス停（10分）▶光厳寺（20分）▶秋川の星竹橋（35分）▶落合橋からの道に合流（15分）▶徳雲院（10分）▶養沢川の新橋（30分）▶龍珠院（10分）▶荷田子バス停

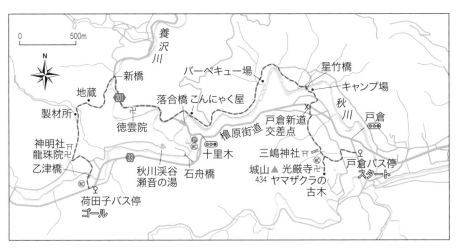

現地情報　あきる野市観光協会　東京都あきる野市舘谷台16　TEL.042-596-0514

16

呼び戻し祈願の山から秘境の滝
今熊山から金剛の滝へ
いまくま　　こんごう

歩 行 タイム	3時間35分
季 節	春 夏 秋 冬

都立秋川丘陵自然公園には、今熊山、今熊神社、金剛の滝、小峰公園、広徳寺など、自然と歴史の魅力をあわせ持った場所が点在。なかでも金剛の滝に初めて来た人は、「東京にこんな場所があったのか」と驚くこと間違いなしだ。

金剛の滝に至る谷を進む。空気がひんやりとして、何だか神秘的な雰囲気が漂う

金剛の滝の二つの滝をつなぐ隧道

今熊山の麓にある今熊神社の遥拝殿

里山と奥山の境の今熊山

八王子市とあきる野市との境近くに鎮座する今熊神社は、春、ミツバツツジの花に包まれて明るい紅紫色に染まり、えもいわれぬ美しさだ。花を眺めるだけで満足した心持ちになるが、神社の背後の山には道があり、登ることができる。山頂の小さな社が本社で、麓の建物は遥拝殿（ようはい）なのだという。一度、登ってみよう。

今熊山の標高は505メートル。奥多摩から延びてきた山地の東端に位置している。今熊山の東側は里山の風景でも、西側には人の気配の希薄な奥深い山々が続いている。

本コースの後半は、今熊山の山頂から金剛の滝に向かい、あきる野市の広徳寺に下山する。道標は整備されてはいるが、山中に人家はない。道迷いやけがに備えて、一人では出かけず、家族や友人と一緒に歩いた方がよい。今熊山は、昔、迷子など行方知れずになった人を取り戻したいと願う人たちが来る「呼ばわり山」として知られていた。迷子探しの山に一人で登って迷子になったのでは、笑うに笑えない。山歩きができる靴、水、食べ物も必要だ。山頂から先に進むことに不安を感じたら、登った道を戻り、小峰公園を散策するといい。

山中深くにある隠れ滝

小峰公園バス停で下車。小峰公園にはビジターセンターがあり、秋川丘陵の自然について知ることができるので立ち寄るのもよい。新小峰トンネルを抜け、今熊神社入口の碑が立っている道を進む。変電所との分岐に「秋川丘陵自然公園」の案内図が掲げられている。図を見て、これから歩くルートを確認しよう。

今熊神社の境内には由緒を記した石碑がある。紀州の熊野本宮大社の分霊をまつった宮で、社号は新たな熊野の今熊野を意味するようだ。

山頂へは社殿のわきの石段を登る。急勾配の道で高度がはかどる。所々見晴らしが利く場所があるので、休みながら登ろう。

山頂にはテーブルやベンチはあるが、木が茂り、展望は楽しめない。山頂標識の北に今熊神社の本社が鎮

登りの途中、秋川沿いの町並みが見える

隧道の先にある金剛の滝の雄滝

座し、「金剛の滝」方面を示す道標があるので、その道を下る。ここから滝までは急な下り坂が続くため、慎重に歩く。

　「金剛の滝下」と「今熊山登山口バス停」の道標が立つ分岐で、金剛の滝下の道を下る。急坂を谷まで下ると、分岐に「金剛の滝」と「広徳寺」の道標がある。金剛の滝を見に行こう。

　金剛の滝は雌雄二つの滝からなる。

広徳寺の山門

手前の雌滝のわきの岩壁の隧道（すいどう）をくぐり抜けると、落差10数メートルの雄滝の滝つぼに出る。修験の道場として使われ

た歴史はあるようだが、人里から遠く、秘境の雰囲気が漂っている。

　滝から道標のあった分岐まで戻り、「広徳寺」方面に進む。尾根を越えて、あきる野市側に下る。広徳寺は南北朝時代に開かれた禅刹。茅葺（かやぶ）きの山門が豪壮だ。広徳寺からは、秋川の小和田橋を渡り、阿伎留神社を経て、武蔵五日市駅に向かおう。

🏠 立ち寄り施設
小峰公園小峰ビジターセンター
開館時間9時〜16時30分、月曜・年末年始休／東京都あきる野市留原284-1／TEL. 042-595-0400

🚃 交通アプローチ
行き／JR五日市線「武蔵五日市駅」から西東京バス「小峰公園バス停」
帰り／JR五日市線「武蔵五日市駅」

🕐 参考タイム
小峰公園バス停（15分）▶ 今熊神社入口（20分）▶ 今熊神社遥拝殿（50分）▶ 今熊山山頂（45分）▶ 金剛の滝（45分）▶ 広徳寺（15分）▶ 小和田橋（5分）▶ 阿伎留神社（20分）▶ 武蔵五日市駅

今熊山は関東の呼ばわり山

　明治の民俗学者、柳田国男は著書『山の人生』で「八王子の近くにも呼ばわり山という山があって、時々迷子の親などが登って呼び叫ぶ声を聴くという話もあった」と書いている。それは、今熊山のことだ。呼ばわり山とは、神隠しにあった子や行方知れずになった人の家族や縁者が登って名前を呼び、戻ってくることを祈願する山をいう。

今熊神社の立派な社号碑と鳥居

　江戸後期の『武蔵名勝図会』には、今熊山麓の村民が祈願者を案内して鉦（かね）と太鼓を持って山に登り、社前に神酒を供え、社殿を回りながら行方不明者の名を呼び、「出しておくりゃれなあ」と三度言ったとある。祈願者は関東中から集まったという。

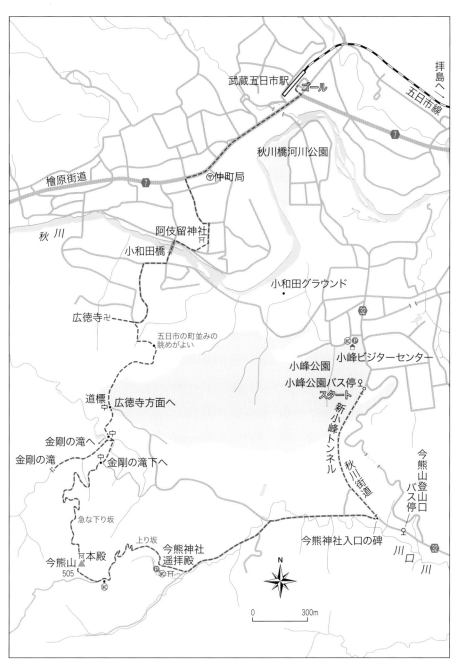

現地情報　あきる野市観光協会　東京都あきる野市舘谷台 16　TEL. 042-596-0514
八王子市産業振興部観光課　東京都八王子市元本郷町 3-24-1　TEL. 042-620-7378

17

東京の里山の景観を代表する谷戸
横沢入と大悲願寺
よこさわいり　だいひがん

| 歩 行タイム | 2時間10分 |

| 季 節 | 春 夏 秋 冬 |

里山を愛する人の間で有名な横沢入。豊かな自然と人の営みが共存している点が魅力だ。田の道を歩くと、カエルが鳴き、トンボが飛んでいる。谷戸の入口には中世から続く寺、山中には江戸時代の石段があり、歴史も興味深い。

実りの秋を迎えた横沢入の田んぼ。刈り入れの日は近い

大悲願寺に掲示されていた『万葉集』の七草の歌

天竺山に鎮座している三内神社

水田をトンボが飛び、
カエルが鳴く

横沢入は五日市丘陵にある谷戸。平成18（2006）年、東京都で最初の「里山保全地域」に指定された。以来ここは、東京の自然愛好家にとって聖地のような所だ。山に囲まれた谷戸には水が湧き、水田や溜池があ

る。豊かな自然が保たれていて、夏になると、カエルが鳴き、東京では珍しい黄色と黒の模様のオニヤンマ、光沢のあるオリーブ色のギンヤンマといった大きなトンボがたくさん飛び交っている。

横沢入のハイキングは、歴史も楽しむことができる。谷戸の入口にある大悲願寺は、鎌倉初期の開山で、いったん衰退したが、室町時代に再興されたと伝わる古刹。改修はされているが、仁王門、観音堂、本堂など、江戸時代建立の堂宇が境内に立ち並ぶさまは壮観だ。仙台藩主の伊達政宗が、この寺の白萩を所望した書簡が残っていることにちなみ、白萩の

天竺山は標高310mメートルの低山だが、都心まで見える

85

横沢入の溜池のほとり、ネムノキの下で休憩

大悲願寺の風格ある仁王門

花が名物。秋には遠方からも参詣者が集まる。

江戸時代は石の産地だった横沢入

武蔵五日市駅から三内神社（さんない）のある天竺山を越えて横沢入に下り、大悲願寺を参詣して駅に戻ってくるルートを歩いてみよう。

駅前から秋川街道を日の出町方面に向かう。五日市線の高架の手前で右の道に進み、三内自治会館を目指す。会館のわきの踏切を渡ると、三内神社の鳥居が立っている。参道をたどると、社殿がある。三内神社の里宮で、本社は山頂に鎮座している。

里宮から山道を登っていくと、小社にしては見事な造りの石段が山の上に向かって続いている。江戸時代、横沢入の周りの山々が、「伊奈石（いな）」と呼ぶ石の産地だったためだ。伊奈石は石仏や石臼などに使われた。石段は古くなり、石のずれている所も多く、一歩一歩注意して上ろう。

山頂は木立に囲まれているが、東側は見晴らしが利く。天気が良ければ、都心の高層ビルやスカイツリーまで見える。

山頂の道標で「石山の池・横沢」の道を進む。高圧鉄塔が見えると分

秋の七草の一つ、萩の花

大悲願寺の本堂と白萩

秋の七草という呼び方は、『万葉集』に載っている奈良時代の歌人、山上憶良（やまのうえのおくら）の秋の野に咲く花を詠んだ歌が、由来とされている。

「秋の野に咲きたる花を指折（および）りかき数ふれば七種（ななくさ）の花」と「萩の花尾花葛花（をばなくずばな）なでしこの花をみなへしまた藤袴朝（ふじばかま）顔の花」の2首である。

草冠に秋の字を書く萩は、まさに秋を代表する植物。小さくて派手な花ではないが、古来、日本では愛されてきた。万葉人は特に好み、『万葉集』に出てくる植物は、萩が最も多いという。満開の美しさもさることながら、花の散りこぼれていくさまが、しみじみとしたものを感じさせ、愛されたようだ。

岐があり、道標の「横沢・小机林道」の方に進む。もう一方の「石山の池」は、江戸時代の石切り場跡だ。興味があれば往復するとよい。

　林道の峠に着いたら道を東側に下る。林を抜け、視界が開けると、横沢入だ。山々に囲まれ、谷の下の方まで田が続いている。あぜ道の草の上や溜池のベンチで休憩しよう。

　横沢入の道を進み、拠点施設から道なりに行くと、大悲願寺の緑地の入口がある。寺への近道だ。境内には歴史を感じさせる堂が並び、白萩の季節以外も訪れる価値のある寺だ。

　大悲願寺を出たら秋川沿いの正一位岩走神社に行ってみよう。江戸時代、横沢村の隣の伊奈村には石工が大勢住み、岩走神社は村の鎮守だった。「伊奈」という地名は、信州の伊那谷から石工が移住したことに由来するという。岩走神社からは武蔵五日市駅に戻ろう。

🏠 立ち寄り施設
横沢入里山保全地域拠点施設
東京都あきる野市横沢 394-4

🚃 交通アプローチ
行き／ JR 五日市線「武蔵五日市駅」
帰り／ JR 五日市線「武蔵五日市駅」

🕐 参考タイム
武蔵五日市駅（15分）▶三内神社（20分）▶天竺山・三内神社本社（15分）▶横沢・小机林道の峠（25分）▶横沢入里山保全地域拠点施設（10分）▶大悲願寺（10分）▶正一位岩走神社（35分）▶武蔵五日市駅

現地情報　多摩環境事務所自然環境課　東京都立川市錦町 4-6-3　TEL.042-521-4804
あきる野市観光協会　東京都あきる野市舘谷台 16　TEL. 042-596-0514

18

展望がよく、人気の山歩きコース
浅間尾根の浅間嶺
せんげんれい

歩 行 タイム	4 時間 30 分
季 節	春 夏 秋 冬

檜原村の人里は春になると、桜の花に埋もれたバス停を
ひのはら　　　　　　　　　　　　　　　　　　　　　へんぼり
見るため、多くの人がやってくる。尾根の上の桜は、ま
だつぼみなのだが、遠くの山々は霞
み、山道にはカタクリの花が咲い
ている。浅間尾根を歩き、春の
息吹を感じよう。

浅間嶺からは、御前山（左）や大岳
山（右）が、よく見える

展望のよい場所
にある浅間嶺の
標識

枝垂れ桜で有名な人里バス停

山々を望む、なだらかな尾根道

　檜原村を流れる北秋川と南秋川の間には、浅間尾根と呼ぶ東西約10キロの長い稜線がある。谷あいの集落から尾根に登るまでは少し苦労するが、いったん登ってしまえば、起伏のゆるやかな道が、尾根の上を続いている。

　浅間嶺は、浅間尾根のほぼ中間に位置し、見晴らしがとてもよい。目の前にそびえる大岳山や御前山のどっしりと構えた山容を眺めていると、日常のつまらない出来事は忘れてしまう。桜の木がたくさん植えられていて、春は花見を目的に登ってくる人も多い。

　山歩きのガイドブックでは初心者や初級向けのコースとされることの多い浅間尾根だが、標高900メートルの尾根道を長時間歩くのは体力がいる。多摩丘陵のハイキングとは装備も異なる。リュックに地図と雨具を入れ、日帰りとはいえ、水と食べ物を持ち、山道を歩ける靴で出かけよう。そして、午前中の早い時間に登り、浅間嶺で早めの昼食を取って、昼には下り始めるのがいい。日の短い秋は特に早めに行動したい。気温の低い冬は、山歩きに慣れた人でないとおすすめできない。

人里から登り、払沢の滝に下山

　人里バス停で下車する。春、待合所をおおうように咲く枝垂れ桜で有名な停留所だ。

　バス停西の消防団機具庫がある坂道を上る。集落を抜けると山道になる。「浅間尾根」の道標に従い、人里峠を目指して登っていく。針葉樹の植林の道が続く。檜原村では集落の周囲にも畑は少なく、今も林業で生きる山村を実感する。

浅間尾根の人里峠に上る道

浅間嶺にはテーブルやベンチがある

人里峠からは道標の「浅間嶺」の方に行く。展望は利かないが、尾根の上の道は明るい。植林の伐採地の縁を通る所もある。

林のなかに祠があり、木の幹に「浅間嶺」や「小岩浅間」と記した小さな板が付いている。国土地理院の地形図の903メートルの地点だが、「浅間嶺」の標柱が立ち、展望のよい場所は、もう少し東にある。休憩所やトイレのある鞍部に下り、東の斜面を登ると、テーブルやベンチがあり、標柱が立っている。

景色を堪能し、昼食や休憩をすませたら尾根道を先に進む。勾配のゆるやかな歩きやすい道だが、道標ごとに「時坂峠」に向かっていることを確認しよう。

「松生山」との分岐から、道は尾根筋を離れ、山の斜面を下っていく。「小岩バス停」との分岐で「時坂峠・払沢の滝入口」の方に進む。このあたりの道端にカタクリの群生地があり、春の短い間、花が咲く。

道は沢沿いを下り、林道になる。時坂峠に寄ってもよいが、疲れた足には林道をたどる方が楽だ。時坂の集落はつづら折りの車道を近道する小道を下る。北秋川の岸に下りきる手前に払沢の滝への道の入口があるので見に寄ったあと、払沢の滝入口バス停から帰ろう。檜原村に興味がわいたら本宿の集落を歩き、村役場前のバス停で乗車してもよい。

川沿いよりも尾根の道が便利だった

浅間尾根の道は、ハイカーが歩くようになる遥かに以前から使われてきた。江戸幕府がまとめた『新編武蔵風土記稿』の檜原村の項には、「御林山巡検の道、山の巓にあり、この道を界として南北両谷に分つ」と記されている。幕府の役人が直轄林の見回りに使った道だったのだ。

起伏のゆるやかな浅間尾根の道

秋川上流に暮らす人々にとって、尾根道は生活道でもあった。山で焼いた木炭を牛馬の背に載せて麓の町に運んだという。現在は川に沿って舗装道路があるが、昔の川沿いの道は険阻で屈曲が多いうえ、大雨が降れば、崩れて通れなくなった。川沿いの道よりも尾根道を歩く方が、楽で安全だったのである。

観光客でにぎわう払沢の滝

🚃 交通アプローチ

行き／JR 五日市線「武蔵五日市駅」から西東京バス「人里バス停」
帰り／西東京バス「払沢の滝入口バス停」から JR 五日市線「武蔵五日市駅」

⏱ 参考タイム

人里バス停（1 時間）▶人里峠（40 分）▶浅間尾根休憩所（5 分）▶浅間嶺の標柱（10 分）▶松生山方面との分岐（1 時間）▶峠の茶屋（1 時間 15 分）▶払沢の滝（20 分）▶払沢の滝入口バス停

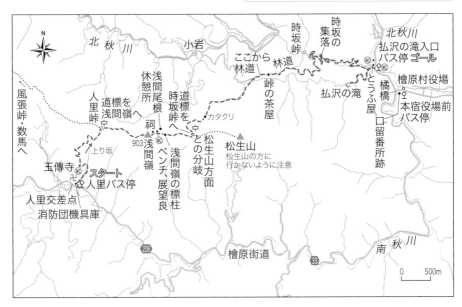

現地情報　檜原村観光協会　東京都西多摩郡檜原村 403　TEL. 042-598-0069

19

山里にフジの大木を見に行く
日の出町の大久野を歩く

歩 行タイム	2時間30分
季 節	春 夏 秋 冬

日の出町大久野に根周り約 3 メートル、樹高約 27 メートルの野生の巨大なフジの木がある。シダレアカシデというとても珍しい木もあり、国の天然記念物に指定されている。風薫る 5 月、二つの名木を訪ねて、山里を歩こう。

西福寺から畑の間の道を歩いて、大久野フジに向かう

スギの大木の梢で咲く大久野のフジ

枝垂れのアカシデは、ほかにはないという

巨大なフジとシダレアカシデ

　日の出町は多摩川支流の平井川とその支流の谷に開けた山あいの町。大久野地区の山中に都の天然記念物のフジの巨木がある。太い蔓が立ち木に巻き付いて上に伸びている様子は、大蛇がうねっているようで、植物とは思えない迫力だ。花は例年5月なかば、樹上高くに咲くが、藤棚から下がった花房を観賞するようなわけにはいかない。巻き付いた木を見上げても花ははるか頭上でほとんど見えない。麓から山の藤色になった部分を遠望するか、山の上の見晴台から大木の梢を彩る花に目を凝らすことになる。いずれにしても庭園のフジとは異なる野趣あふれる花見である。

　日の出町のもう一本の名木が、幸神神社のシダレアカシ

デ。椀を伏せた形の優美な古木で、全国でも唯一無二という。大久野フジが咲くころは、目の覚めるような鮮やかな若葉だ。

秋川街道の山と川の町

　秋川街道の大久野中学バス停から、まずは幸神神社に向かう。祭神は天孫降臨の道案内をした猿田彦 大神（ひこのおおかみ・さるた）。幸神は一般に、塞（さえ）の神、道祖神のことをいう。境内の案内図で場所を確認して、シダレアカシデの木を見に行く。

　次に、平井川を渡り、白山神社を目指す。薬師堂を過ぎて、「白山神社入口」の標柱の立つ道を上る。山道の参道で、初夏はシャガの白い花が美しい。白山神社の社殿は鬱蒼とした山中に鎮座しているが、鳥居前の広場のベンチがある場所から麓の景

大久野フジの見晴台は町並みや山々も望める

93

色が見える。

　白山神社からは車道を下り、秋川
街道に出て、西福寺に向かう。門前
に畑が広がる雰囲気のいい寺だ。畑
の間を通り、「大久野フジ」の道標に
従って進む。橋を渡って林道を上り、
解説板が立つ所から、立ち木にから
みつくフジの蔓をくぐり、山の斜面
を登る。見晴台は草原で、フジは正
面の木の梢に花房を下げている。

　山を下りたら北大久野川沿いを歩
き、平井川の落合橋を目指す。橋を渡
り、東に進むと、JAあきがわの前に、
日の出折返場バス停がある。バスの待
ち時間に向かいの農産物直売所で、地
元の野菜を買って帰ろう。

落合橋から平井川の下流側の風景

🏛 立ち寄り施設

JAあきがわ日の出町ふれあい農産
物直売所　営業時間9時〜17時、
年末年始休／東京都西多摩郡日の
出町大久野 17-2 ／ TEL.042-597-0010

🚃 交通アプローチ

行き／ JR 五日市線「武蔵五日市駅」から西
東京バス「大久野中学バス停」
帰り／西東京バス「日の出折返場バス停」
から JR 五日市線「武蔵五日市駅」

🕐 参考タイム

大久野中学バス停（10分）▶幸神神社のシ
ダレアカシデ（15分）▶薬師堂（25分）
▶白山神社（30分）▶西福寺（15分）▶
大久野のフジ（5分）▶見晴台（40分）▶
落合橋（10分）▶日の出折返場バス停

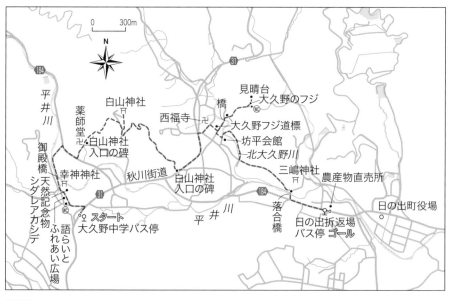

青梅エリア

羽村取水堰付近の多摩川　羽村取水堰のあたりから上流に行くにつれて、多摩川の景色は美しさを増す。羽村堰下橋を渡って歩いていく人たちは郷土博物館や草花丘陵のハイキングコースを訪ねるのだろう。

☞ 96 ページ「羽村堰から根がらみ前水田へ」参照

20

春の岸辺は桜とチューリップの花盛り

羽村堰から根がらみ前水田へ
（は むらぜき）（ね）（まえ）

| 歩 行タイム | 2時間30分 |
| 季 節 | 春 夏 秋 冬 |

江戸の町に水を供給した玉川上水は、羽村で多摩川の水を取り込んだ。羽村の取水堰は、今も現役で、川の水を村山貯水池（多摩湖）に送っている。
羽村の川辺は、いつ歩いても気持ちいいが、春は花がいっぱいで、心が浮き立つ。

羽村市根がらみ前水田のチューリップ畑。田畑の裏作のため、あぜ道を歩いて観賞できる

羽村取水堰に立つ玉川兄弟の像

多摩川に下る坂道に馬の水飲み場の跡がある

中里介山の墓がある禅林寺。山門は幕末の
建築

東京の水のふるさと羽村で花見

　4月、羽村市の多摩川沿いにある根がらみ前水田は、一面、赤や黄のチューリップ畑になる。その数、30万本とも40万本ともいい、色とりどりの花を敷き詰めた絨毯のようだ。公園の花壇などではなく、田畑に冬の裏作として植えられている光景が、関東では珍しい。

　同じころ、玉川上水の羽村取水堰や水上公園わきの多摩川の堤に植えられた桜も満開だ。羽村の春は、花盛りである。

　玉川上水は、江戸時代の承応3（1654）年にできた。総奉行は「知恵伊豆」と呼ばれた老中の松平伊豆守信綱。設計は、信綱の家臣の安松金右衛門、水道奉行に関東代官の伊奈忠治。そして、開削工事を請け負ったのが、有名な庄右衛門、清右衛門の玉川兄弟である。

　玉川上水の工事について詳しいこ

とは分かっていないのだが、当初は羽村で取水する計画ではなかったようだ。最初は立川付近から東に掘り進み、府中の「かなしい坂」あたりで失敗。2度目は福生から掘り、熊川の「みずくらいど公園」がある場所で水が地中にしみ込んでしまった。3度目にして、羽村から江戸の四谷まで水を引き、完成したという。

　現在、東京の水道水は、利根川と荒川から取水した水が大半のようだが、それでも多摩川は「東京の水のふるさと」のイメージがある。都民なら、一度は訪ねたい。

江戸の水利を実地で学ぶ

　羽村駅西口から多摩川に向かい、新奥多摩街道を渡って坂を下る。右手に馬の水飲み場跡があり、左手に禅林寺がある。禅林寺の裏の墓地には、『大菩薩峠』を書いた羽村生まれの文豪、中里介山の墓がある。

　禅林寺の山門から南に進み、羽村

羽村取水堰（左）。余分な水は小吐水門（右）から多摩川に戻す

堰入口の交差点を渡ると水路に出る。玉川上水だ。

　玉川上水を渡り、多摩川の岸を右に行く。羽村堰下橋は帰路に渡ることにして、まずは羽村取水堰を見に行こう。玉川兄弟の像と休憩所があり、取水堰がよく見える。

　羽村取水堰は、丸太の杭で粗朶や砂利を固定した投渡堰（なげわたしぜき）という伝統的な様式で造られている。対岸の固定堰との間は、筏（いかだ）の通し場の跡。奥多摩で伐採した木材を筏に組んで、多摩川河口まで運んだころの名残である。羽村では景色を眺めることが、歴史の勉強になる。

 立ち寄り施設

羽村市郷土博物館　開館時間9時〜17時（屋外展示16時）、月曜（祝日の場合は開館）・年末年始休
東京都羽村市羽741／TEL. 042-558-2561

玉川上水は、江戸の人の誇り

　江戸っ子は、水道の水を産湯（うぶゆ）に使ったことを誇りにしたという。水道は、玉川上水や神田上水のことで、山東京伝（さんとうきょうでん）の洒落本（しゃれぼん）『通言總籬（つうげんそうまがき）』の「水道の水を産湯に浴て、御膝元（おひざもと）に生れ出て（上水道の水を産湯に使い、将軍のいる土地に生まれ）」あたりが、出所とされている。

羽村取水堰から流れ始める玉川上水

　『誹風柳多留（はいふうやなぎだる）』の「ありがたさたまさか井戸で鮎（あゆ）を汲（く）み」という川柳は、江戸の水道井戸で多摩川の鮎を捕まえたことを詠んだもの。羽村堰から江戸までの距離は40キロ以上もあるが、標高差は90メートルほどしかない。自然流下で多摩川の水を送った江戸時代の土木技術の高さには、感嘆するばかりだ。

岸に上がり、江戸時代に堰を管理した陣屋（役所）跡を見て、多摩川の岸を上流に向かう。

水上公園付近の堤防は、春は桜の名所。花を楽しみながら、根がらみ前水田へ行くと、チューリップが見渡す限り咲いている。夏の案山子（かかし）が立つ水田風景も懐かしくていい所だ。

再び堤に上がり、阿蘇神社に行ってみよう。川岸に鎮座する古社で、参道の雰囲気がよい。

羽村堰下橋まで戻り、対岸の郷土博物館にも行こう。羽村駅に戻ったら、東口の駅前にあるまいまいず井戸も見ておきたい。

多摩川の岸に鎮座する阿蘇神社

🚃 交通アプローチ
行き／ JR 青梅線「羽村駅」
帰り／ JR 青梅線「羽村駅」

🕐 参考タイム
羽村駅（10 分）▶禅林寺（5 分）▶羽村堰入口交差点（10 分）▶玉川兄弟の像（5 分）▶陣屋跡と玉川水神社（15 分）▶根がらみ前水田（20 分）▶阿蘇神社（35 分）▶羽村堰下橋（15 分）▶羽村市郷土博物館（35 分）▶羽村駅

現地情報 羽村市観光協会　東京都羽村市羽東 1-13-15　TEL.042-555-9667

21

狭山丘陵の豊かな自然にふれる一日
箱根ヶ崎から六道山に登る

歩 行タイム	2 時間 20 分
季 節	春 夏 秋 冬

狭山丘陵の最高地点は瑞穂町の標高 194 メートルの三角点広場。麓より 50 メートルほど高いだけなのだが、森が広がり、自然がいっぱい。六道山から南麓の谷戸に下りてみよう。田んぼに里山民家が建ち、昔話の風景のようだ。

六道山の山頂、六道山公園の広場。展望台に上がると、森に囲まれていることを実感できる

三角点広場で飛んできたルリボシカミキリ

狭山池公園の池は古歌に詠まれた名所

武蔵野台地の緑の島

西多摩郡瑞穂町は、狭山丘陵の西麓にある。狭山丘陵は航空写真で見ると、武蔵野の住宅地に囲まれた緑の島のようだ。奥多摩の山とは続いていないのだが、思いのほか自然豊か。夏、丘陵の道を歩くと、ルリボシカミキリやタマムシなど、東京近郊ではなかなか見ることができない美しい昆虫に出会えて楽しい。

江戸時代、箱根ヶ崎の町は、八王子と日光を結ぶ道と青梅街道が交わる宿場として、人馬の継ぎ立てでにぎわったという。

JR箱根ヶ崎駅の北に位置する狭山池公園は、昔は「狭山の池」や「筥の池」と呼んだ。大阪にある狭山池が、古来、有名な歌枕（数多くの和歌に詠まれた名所のこと）のため紛らわしいのだが、「武蔵なる狭山が池の」で始まる古歌が残っており、箱根ヶ崎の狭山池も古くから名所とされてきた。

六道山の南麓の宮野入谷戸には、小川が流れ、水田が広がり、昔の農家を再現した里山民家がある。近くに鎮座する阿豆佐味天神社は、平安時代の『延喜式』に社名が載っている由緒ある古社。狭山丘陵の周辺は、古くから人が暮らす豊かな土地だったようだ。

西麓から登り、南麓に下りる

箱根ヶ崎駅東口を出て、北に歩く。六道山に登るには多少遠回りになるが、歌枕の狭山の池を見て行こう。狭山池は、立川市で多摩川に合流する残堀川の源である。

狭山池公園からは、狭山神社の社前を通って、瑞穂ビューパークを目指す。

瑞穂ビューパークに着いたら、ジュンサイ池公園の遊歩道から競技場の縁を回るようにして、お伊勢山遊歩道に向かう。その前に余裕があれば、スカイホールの展望台に上がると、奥多摩の山や多摩丘陵や横田基地の滑走路が見える。

三角点広場で、ひと休みしよう

　お伊勢山遊歩道を上っていくと、明治半ばに一等三角点を設置した三角点広場がある。狭山懸橋(かけはし)で道路を渡り、江戸時代の庚申塔(こうしん)が立つ「出会いの辻(つじ)」へ向かう。ここは、六つの旧道が交差した場所のため、「六道の辻」とも呼び、六道山の名称の由来になった。

　出会いの辻からは、道標に「文化の森六道山公園400メートル」と記された道を進む。

　六道山公園は、六道山の山頂で、芝生にテーブルやベンチがあり、昼食や休憩に適している。展望台の上からは、森の彼方に奥多摩の山々や遠くの町が見える。眺望の説明が掲示されているので、景色と見比べて楽しもう。

　六道山公園からは、トイレのある道を行く。すぐに右手の分岐に「里山民家」の道標がある。急勾配のその道を下ると、宮野入谷戸に出る。小川や湿地や水田を眺めながら野道

六道山公園の展望台からの眺め

六道山に鷹(たか)の渡りを見に行こう

　秋、六道山には、鷹の渡りを観察するため、バードウォッチャーが集まる。ワシ・タカの仲間にはサシバやハチクマのように、夏に日本で繁殖し、秋になると南に渡っていくものがいる。鷹の渡りは、長野県の白樺峠や愛知県の伊良湖岬(いらこ)が有名だが、六道山もその一つだ。

　年によって異なるが、六道山では9月下旬、多い日には100羽を超えるサシバが渡る。群れが空高く

展望台に「観察できるワシ・タカ類」の説明板がある

上昇していく鷹柱(たかばしら)を見ることもあるという。しかし、ハイキングで立ち寄った程度で鷹を見るのは難しい。松尾芭蕉が伊良湖岬で詠んだ句をもじって、「鷹一つ見付けてうれし六道山」にならないかなといつも思う。

を歩く。虫取り網を持って遊ぶ親子の姿が微笑ましい。里山民家を見学したら、須賀神社の前を通って、青梅街道の岸バス停に向かう。少し寄り道して、古社の阿豆佐味天神社に参拝してもいい。

宮野入谷戸の風景。奥の建物は里山民家

立ち寄り施設
野山北・六道山公園里山民家　開館時間9時～16時30分（3月～9月は17時）、年末年始休／東京都武蔵村山市岸2-32／TEL.042-531-2325（野山北・六道山公園インフォメーションセンター）

交通アプローチ
行き／JR八高線「箱根ヶ崎駅」
帰り／立川バスまたは都営バス「岸バス停」からJR八高線「箱根ヶ崎駅」

参考タイム
箱根ヶ崎駅（15分）▶狭山池公園（15分）▶瑞穂ビューパーク（25分）▶三角点広場（15分）▶出会いの辻（10分）▶六道山公園展望台（35分）▶里山民家（5分）▶須賀神社（10分）▶阿豆佐味天神社（10分）▶岸バス停

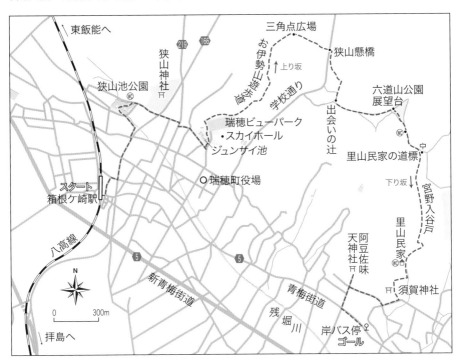

現地情報　瑞穂町役場　東京都西多摩郡瑞穂町大字箱根ケ崎2335　TEL.042-557-0501
野山北・六道山公園インフォメーションセンター　東京都武蔵村山市三ツ木4-2　TEL.042-531-2325

22

江戸時代から栄えた花の寺と清流の町
青梅を歩く

歩 行 タイム	1 時間 30 分
季 節	春 夏 秋 冬

武蔵野の町から青梅に出かけると、風景や空気の清々しさに驚かされる。奥多摩の山々や多摩川の清流が、ここから始まることを実感する。材木、石灰、織物などの出荷や街道の宿場町としてにぎわってきた歴史も興味深い。

多摩川の清流が岸を洗う釜の淵公園
の桜並木と鮎美橋

青梅の地名の由来
になった梅の木

モダンな駅舎のJR青梅線青梅駅

枝垂れ桜の花が見事な梅岩寺

地域経済の中心だった
山紫水明の町

青梅の町は多摩川が奥多摩の山地から武蔵野に出る場所にある。都心方面から奥多摩に向かうと、鉄道でも車でも青梅の町あたりから、車窓に緑の山が迫り、谷に清らかな水が流れ、風景が一気に美しくなる。

川が山地から平野に出る谷口は、材木や薪炭など山間部で生産された物資の集散地になり、定期市が立ち、集落に発展した例が多い。東京周辺でいえば、青梅のほかに、秋川の五日市、入間川の飯能、荒川の寄居などがそうだ。

谷口集落として栄えた町はハイキングや町歩きで訪れると、家並みに栄えた歴史や文化が感じられ、雰囲気のよい所が多い。青梅は人口10万人を超える都市だが、駅周辺を歩くと、街道沿いの古い商家、山沿いの大きな寺、多摩川沿いの公園など、

来てよかったと思わせるものがたくさんある。そして、なによりも心地よいのは、住民が自分の町の景観や歴史を愛している印象を受けること。青梅には、こういう町に住みたいなと思わせるものがある。

町歩きも川岸歩きも楽しい

JR青梅駅を出たら、まずは青梅の町の雰囲気をつかむため、旧青梅街道を歩いてみよう。青梅街道は、江戸時代初め、江戸城の壁を塗る漆喰を大量に必要としたことから、青梅の北の成木で生産した石灰を江戸に運んだ道で、当初は成木街道と呼んだ。やがて、甲州街道の裏道として使う旅人や御岳山の参詣者の利用が増え、青梅街道というようになった。

青梅図書館入口の丁字路を曲がって線路を渡り、図書館前から七兵衛地蔵尊の裏を抜け、梅岩寺に参る。境内に枝垂れ桜の巨木があり、満開のころは大きな花の滝のようで壮観

青梅の繁栄をしのばせる商家、旧稲葉家住宅　　釜の淵公園の新緑に包まれた旧宮崎家住宅

だ。写真を撮りに来る人が多い。

　梅岩寺から旧青梅街道に戻って、西に進み、旧稲葉家住宅の前で立ち止まろう。材木や「青梅縞」と呼ぶ織物を扱って繁盛した商家で、土蔵造りの店舗を見学できる。

　旧稲葉家住宅を過ぎたら横断歩道を渡って南に下り、金剛寺に向かう。青梅の地名の由来になった梅の木がある寺だ。平安時代の武将、平将門の開基と伝え、梅は、将門が地面に挿した木の子孫という。結実しても

色がいつまでも青いことから「青梅」と呼ばれ、やがて、この地の村の名になった。江戸時代の歌人、日野資矩に「むすぶ実のかわらぬ色の名も世々に青梅のむらの梅のひともと」の歌がある。

　金剛寺から住宅地を通って多摩川

🏛 **立ち寄り施設**
青梅市郷土博物館　開館時間９時〜17時、月曜（祝日の場合は翌日）・年末年始休／東京都青梅市駒木町1-684／TEL. 0428-23-6859

桂月と烏水と青梅の木

　金剛寺の青梅の木は、明治の文人にとっても見ておきたい名所だった。しかし、寺の位置が青梅街道から少し南にそれているため、行き過ぎてしまう者も多かったようだ。

　紀行文の大家、大町桂月は、御岳山に向かう途中、青梅の町を出てから村の少女に場所を教えられ、通過したことを悔やみつつ見に戻った。日本山岳会の

金剛寺境内の青梅の木

創設者、小島烏水は「世に比ひ稀なる梅の名木あり」と言いながら、「知らぬ間に十町ほど行過したれば、元の路を戻るも懶くて見ざりき」と書いている。見過ごした物を後戻りして見るか、それとも先に進むかには、その人の性格が表れる気がする。

を目指す。柳淵橋で川を渡ると、釜
の淵公園。春は花見、夏は清流で憩
う人たちの姿が絶えない明るい公園
だ。岸辺のベンチやメタセコイアの
木陰で休むのも快適だが、郷土博物
館に移築されている江戸時代の農家、
旧宮崎家住宅の座敷から外を眺める

と、多摩川の岸が借景になり、桂や
桜の葉が風にそよいで心地よい。
　釜の淵公園からは鮎美橋を渡り、
市立美術館前の横断歩道を渡って、
青梅駅に戻る。

🚃 **交通アプローチ**
行き／ JR 青梅線「青梅駅」
帰り／ JR 青梅線「青梅駅」

🕐 **参考タイム**
青梅駅（10分）▶七兵衛地蔵（3分）▶梅
岩寺（15分）▶旧稲葉家住宅（5分）▶金
剛寺（20分）▶柳淵橋（10分）▶郷土博
物館（2分）▶鮎美橋（15分）▶青梅市立
美術館（10分）▶青梅駅

 現地情報 青梅観光案内所　東京都青梅市本町 192　TEL. 0428-20-0011

23

山歩きで人気の高水三山のうち二山に登る
高水山と岩茸石山

歩 行 タイム	3時間50分
季 節	春 夏 秋 冬

高水三山は奥多摩登山の入門コースとして人気がある。そのうちの二山を登ろう。高水山の山頂近くには不動堂が建ち、天皇皇后両陛下のご結婚一周年登山の記念碑がある。三山の最高峰、岩茸石山では展望を期待できる。

高水山の休憩舎から山頂に登る道。広葉樹の林は木もれ日で明るく爽快だ

高水山不動堂の愛らしい狛犬

上成木バス停は都営バスの最高地点という

成六年六月十六日」と刻んだ碑がある。当時の新聞には、天気に恵まれ、「初夏の奥多摩の自然を楽しんだ」と記されている。両陛下の幸運にあやかり、梅雨の晴れ間に登るのもよいだろう。

上成木の集落から表参道を上る

青梅市と奥多摩町の境近くにある高水山は、尾根続きの岩茸石山、惣岳山と一緒にして「高水三山」と呼び、東京近郊の山歩きのコースとして親しまれている。どれも標高700メートル台の山だが、いきなり三山を歩き通すのはなかなかたいへん。まずは登りやすい高水山と、展望に優れた岩茸石山に登ってみよう。

高水山の山頂近くには常福院の不動堂が建ち、上成木の集落から表参道が通じている。JR青梅線の軍畑駅から登る人も多いが、表参道の方が歩きやすく、距離も短い。

この道は、登山を趣味にされる天皇陛下が、雅子さまとご結婚された翌年、ご夫妻で初めて登山を楽しまれたルートの一部でもある。不動堂の境内には「御結婚一周年記念登山祝皇太子殿下雅子妃殿下御来山　平

展望の良い岩茸石山で昼食

上成木バス停で下車し、成木川の入平橋の道標で「高水山」の道を行く。なちゃぎり林道のゲート手前の道標で「高水山（歩道）」の方に進む。すぐに両部鳥居があり、参道が始まる。不動堂の参道に鳥居は不思議な感じがするが、昔からそうだったようで、江戸時代の本にすでに「鳥居あり」

「高水山」の額を掲げる表参道の鳥居

109

信仰の歴史を感じさせる高水山の不動堂

と記されている。

　参道は針葉樹の植林を上っていく。杉の丸太で階段状に整備されている所が多く、歩きやすい。林道を横切り、さらに参道を登る。沢の水をためた水場を過ぎると、不動堂は近い。石段の下で、軍畑駅からの道と合流し、山門をくぐる。閑寂な境内の奥に不動堂がある。柔和な表情の狛犬や大きな木太刀が珍しい。

　不動堂の裏に回り、山頂を目指して登る。休憩舎がある場所は、山頂よりも眺望がよいので少し休もう。

　休憩舎からは5分ほどで山頂に着く。広葉樹の林で明るいが、展望は利かない。

　岩茸石山を目指して西に延びた尾根を歩く。最初は急な下りだが、平坦な道になり、再び登ると、見晴らしのよい山頂に着く。途中、分岐はあるが、道標があり迷う心配はない。

　山頂は北側が開け、棒ノ折山や黒山など埼玉県境の山々がよく見える。山頂で展望を楽しみながら昼食を取るのがおすすめだ。

高水山は奥多摩五岳の筆頭

　昔、奥多摩の主な山を「奥多摩五岳」と呼んだことがあった。江戸時代の『武蔵演路』という書物に「青梅西の方、山中、勝たる山嶽五つあり。是を中華の五岳に比す。東高水、南光明、西大嶽、北想嶽、中御嶽」と記されている。高水は高水山、光明は高明山、大嶽は大岳山、想嶽は惣岳山、御嶽は御岳山である。

　中国の五岳は、東は泰山、南は衡山、西は華山、北は恒山、中は嵩山を指し、いずれも聖なる山。日の出の方角に位置する泰山は、五岳の筆頭で、秦の始皇帝をはじめ歴代の皇帝が祭祀を行った。高水山が泰山と同じ東岳にあてられたのは、この山にとって名誉なことだ。

高水山の樹間から御岳山、大岳山方面を望む

岩茸石山の山頂は見晴らしがよい

　景色を堪能したら下山する。名坂峠を経て上成木に下るルートもあるが、近年の台風で道が荒れ、途中の升が滝を見ることも困難になっているため、来た道を戻り、高水山を経由して下りることをすすめる。

　上成木は家々の庭の花木が美しい里だ。川の源流の奥まった地にもかかわらず、風情やゆとりを感じる。それは、石灰の生産で栄えた名残なのかもしれない。下山したときには、体力を使い果たしているのではなく、麓の里の風景を楽しむ余裕を残しておきたい。

立ち寄り施設
常福院不動堂　東京都青梅市成木 7
TEL.0428-74-6433

交通アプローチ
行き／ JR 青梅線「青梅駅」から都営バス「上成木バス停」
帰り／都営バス「上成木バス停」から JR 青梅線「青梅駅」

参考タイム
上成木バス停（10 分）▶ 鳥居（1 時間）▶ 常福院不動堂（10 分）▶ 休憩舎（5 分）▶ 高水山山頂（40 分）▶ 岩茸石山山頂（40 分）▶ 高水山山頂（10 分）▶ 常福院不動堂（45 分）▶ 鳥居（10 分）▶ 上成木バス停

現地情報　青梅観光案内所　東京都青梅市本町 192　TEL. 0428-20-0011

24

ツツジの寺を訪ね、緑の丘や川辺を歩く

塩船観音と霞丘陵

しおふね　　　　かすみ

歩 行タイム	3時間20分
季 節	春 夏 秋 冬

青梅市の霞丘陵は、ツツジの花と丘の上の観音像の塩船観音寺が有名だが、寺の北側の自然公園や麓を流れる霞川の散策もおすすめ。街歩き、丘歩き、川辺歩きが少しずつ組み合わさって気軽に出かけられるところがいい。

霞丘陵の南麓、塩船観音寺の仁王門に至る道を行く

塩船観音寺の平和観音像

ツツジの花に囲まれた塩船観音寺の護摩堂

青梅から荒川に合流する霞川

　武蔵野台地は、多摩川の谷口集落の青梅の町を頂点として、扇状に東に広がっている。大昔、多摩川はもっと北を流れていたようだが、現在は扇形の南側を多摩丘陵に沿って南東に流れている。一方、扇形の北側には、青梅の町に源を発する霞川が霞丘陵に沿って北東に流れ、荒川の支流の入間川に注ぐ。

　霞丘陵には、ツツジの花で名高い塩船観音寺がある。寺に隣接する霞丘陵自然公園も緑が美しい。霞川は畑や住宅地を流れる川で、遊歩道があり、のんびり歩くことができる。

　季節を問わず、楽しめるコースではあるが、一度はツツジの花のころに訪れたい。春の末から初夏は、丘や川辺の新緑も鮮やかだ。

寺が多く、歴史のある霞丘陵

　JR東青梅駅北口からスタートする。まずは光明寺を目指す。旧青梅街道を渡り、薬師堂から北に進み、霞川の城前橋を渡ると光明寺の前。寺の裏に見える山は、室町時代の勝沼城跡だ。光明寺から東に行くと、妙光院の角に「塩船観音寺」の道標がある。花菖蒲が咲く初夏には、吹上しょうぶ公園に立ち寄るとよい。

　カヤの大木がそびえる宗泉寺の門前を過ぎて、運動広場の「塩船観音寺」の案内看板で北に曲がる。竹林の切通しの道を越えると、塩船観音寺の仁王門の前に出る。本堂からツツジ園の中央の護摩堂へ。例年4月中旬から5月上旬、ツツジは見ごろになり、見渡す斜面は色とりどりの花で染まり、浄土のようだ。

　平和観音像まで登ったら境内を出て、霞丘陵自然公園へ。ベンチや休憩所があるので、弁当を持っていたら、このあたりで昼食にするといい。七国峠方面の霞丘陵ハイキングコースの道には行かず、園路を下り、池のほとりを歩いて塩船観音寺の仁王門のわきに戻る。

　次は霞川を目指す。青梅慶友病院の前を通って霞橋のたもとへ。霞橋川沿いには遊歩道があり、歩きやすい。鳥井戸橋のあたりは茶畑が広がり、のどかな景色だ。水面をカワセミが飛び、カルガモが泳いでいる。川に沿って城前橋まで歩いたら、来た道で東青梅駅に戻る。

塩船観音寺に隣接する霞丘陵自然公園

🚃 交通アプローチ

行き／ JR 青梅線「東青梅駅」
帰り／ JR 青梅線「東青梅駅」

🏠 立ち寄り施設

塩船観音寺　つつじまつり入山料、
中学生以上 300 円、小学生 100 円
東京都青梅市塩船 194
TEL.0428-22-6677

🕐 参考タイム

東青梅駅（10 分）►城前橋（5 分）►光明
寺（20 分）►吹上しょうぶ公園（30 分）
►塩船観音寺の仁王門（25 分）►平和観音
像（5 分）►霞丘陵自然公園の休憩所（25 分）
►塩船観音寺の仁王門（30 分）►霞橋（15
分）►鳥井戸橋（25 分）►城前橋（10 分）
►東青梅駅

奥多摩エリア

御岳渓谷の楓橋　沢井にある寒山寺と楓橋の名は、中国の蘇州に由来する。御岳渓谷と水郷蘇州の風景は全く異なるが、奥多摩の渓谷に寒山寺の堂はよく似合い、自然の風景に趣を添えている。

☞ 116 ページ「御岳渓谷を歩く」参照

25

青梅線の駅を降りれば、山紫水明の地
御岳渓谷を歩く
_{み たけ}

歩 行 タイム	2時間

季 節	春 夏 秋 冬

一日、暇ができたら、御岳渓谷の遊歩道を歩きに行こう。鉄道の駅を出たら、すぐに渓谷だ。岸や橋から眺める景色が、絵のように美しい。歩き疲れていなくても川辺の岩の上で休もう。瀬音を聞いていると、心が洗われていく。

渓谷左岸の遊歩道を鵜の瀬橋に向かう。多摩川の景色の美しさを実感する

御岳渓谷ではカヌーが盛んだ

昔は筏が下り、
今はカヌーが遊ぶ渓流

　御岳渓谷の景色は、いつ訪れても美しい。若葉のころも、水涼しげな真夏も、紅葉の秋も見事だ。冬枯れの寂しい風景すら趣がある。

　岸を散策する人、渓流釣りをする人、カヌーを漕ぐ人、水辺の大岩に登る人。さまざまな目的を持った人がやって来て、自然にある物をうまく使って楽しんでいる点も、この渓谷ならではの魅力である。どの遊びも実に面白そうだ。

　昔は多摩川の青梅あたりから上流の地域を「杣保」と呼んだという。語源は諸説あるようだが、杣と付くからには「木材を伐り出す山」の意味を踏まえているはずだ。

　江戸時代、奥多摩は江戸の町の家

御嶽駅前には登山者も集まる

を造る木材の供給地だった。木材は多摩川の流れを利用して運んだ。御岳渓谷は、その通り道だ。奥多摩の山で伐採した木を上流から一本ずつ流し、鳩ノ巣渓谷を過ぎると筏に組み、筏師が乗って下った。御岳渓谷は急流なため、一枚の筏に二人乗って操ったという。青梅を過ぎると、二枚の筏をつないで一人で乗り、羽村の堰を越えて、河口の六郷まで下った。

　「きのう山さげ、今日青梅さげ、明日は羽村の堰落とし」という筏流し唄があったと昭和45（1970）年刊行の本『続多摩』に書いてある。筏流しは大正末に消えたともある。瀬で遊ぶカヌーを眺めるのも愉快だが、筏師が竿を操りながら下ってくる筏を見てみたかった。

玉堂美術館前を流れる多摩川

鵜の瀬橋の上から上流を眺める

奥多摩の渓谷で最も歩きやすく美しい

　御嶽駅で下車したら駅前のインフォメーションセンターで最新情報を得よう。近年の台風で通れなくなった遊歩道や橋があるためだ。

　駅前の横断歩道を渡り、バス停の所から川岸に下りる。御岳小橋のたもとだが、橋は崩落している。岸の遊歩道を上流に進み、アーチ橋の御

岳橋をくぐり、杣の小橋を目指す。このあたりはカヌーの練習が盛んだ。力強いパドルさばきで流れを上下し、見ていて飽きない。

　杣の小橋で対岸に渡る。橋の上からは発電所が見える。遊歩道を下流に歩き、御岳橋をくぐると玉堂美術館がある。日本画家、川合玉堂は奥多摩の風景を詩情豊かに描いた。絵の良し悪しはわからなくても、川が好きな人なら筏流しを描いた『春流』

柚子が名物だった沢井

　御岳渓谷に面した集落、沢井は、江戸時代から柚子の産地として知られていた。江戸後期、多摩川を丹波山村までさかのぼった狂歌師、山田早苗の見聞記『玉川泝源日記』に「沢井は柚子の名所にて、北岸に数株の柚子の木立続きたり、江戸へ柚子の実あまた出だせり」とある。沢井の柚子の実は熟すと馬の背に載せて、江戸神田須田町の青物市場に出荷した。

御岳渓谷の遊歩道で見かけた柚子の実

　昭和初期の高畑棟材の紀行『山を行く』にも「春来れば桐の花、秋来れば柚の黄果の美しい澤井村」と記されている。今は往時ほどには栽培されていないようだが、晩秋に御岳渓谷を歩くと、黄色の実が頭上に輝いている。

寒山寺の堂から楓橋を見る

や釣り師が集う『夏川』などのおおらかな絵を気に入ることだろう。

玉堂美術館からは御岳橋を渡って駅前に戻り、再び御岳小橋のたもとに。今度は岸を下流に向かって歩こう。鵜の瀬橋まで来たら、橋のなかほどまで行き、渓谷を眺めてみよう。上流も下流も素晴らしい景色だ。

鵜の瀬橋を渡って下流に向かうこともできるが、左岸（下流に向かって左側）の方が道がよいので、もとの岸に戻って進む。澤乃井園のわきを通り、楓橋に。この橋の上も絶景だ。

渡ると寒山寺があり、行楽客のつく鐘の音が渓谷に響く。楓橋からは沢井駅に向かう。名残惜しければ、澤乃井園で休んでいくのも名案だ。

🚃 **交通アプローチ**
行き／JR 青梅線「御嶽駅」
帰り／JR 青梅線「沢井駅」

🕐 **参考タイム**
御嶽駅（5 分）▶御岳渓谷・御岳小橋跡左岸（20 分）▶杣の小橋（20 分）▶玉堂美術館（5 分）▶御岳橋（10 分）▶御岳小橋跡左岸（20 分）▶鵜の瀬橋（20 分）▶楓橋（5 分）▶寒山寺（5 分）▶楓橋（10 分）▶沢井駅

🏠 **立ち寄り施設**
玉堂美術館　開館時間 10 時～17 時（冬は 16 時 30 分）、月曜・年末年始休、入館料大人 500 円、大学・高校・中学生 400 円、小学生 200 円／東京都青梅市御岳 1-75／TEL.0428-78-8335

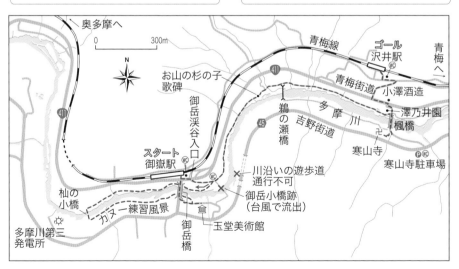

現地情報 御岳インフォメーションセンター　東京都青梅市御岳本町 332　TEL.0428-85-8652

26

山の上にある美しい滝と渓流
御岳山のロックガーデン

歩 行タイム	3時間30分
季 節	春 夏 秋 冬

御岳山は多彩な楽しみ方ができる山だ。神社を拝して帰るだけではもったいない。大岳山や日の出山まで行くのはたいへんだが、ロックガーデンなら気楽に歩くことができる。山中深くにある滝や清流の美しさは感動的だ。

ケーブルカーの御岳山駅がある御岳平の眺望。多摩川の谷の彼方に関東平野が広がる

御岳山の山頂に鎮座する武蔵御嶽神社

参道の鳥居越しに山頂と御師集落を望む

大口真神社の狛犬は狼の姿をしている

山頂から
水と緑のロックガーデンへ

　御岳山は登山者や参拝者でいつもにぎわっている。山上に神社や集落があって安心なうえ、標高929メートルの山の800メートルを超える地点までケーブルカーで到達できる。さらには、山頂から大岳山や日の出山に向かうなど多様なルートが可能なためだ。

　武蔵御嶽神社まで登ったことがある人は、次はロックガーデンを歩いてみよう。「御岳山の上に、これほど水の豊かな滝や沢があったのか」と、きっと驚くことだろう。

　ロックガーデンは養沢川の上流の御岳沢を昭和初期に「岩石園」として整備したもので、七代の滝の上の天狗岩から綾広の滝まで遊歩道が設けられている。当初は「東京の奥入瀬」と呼んだという。急峻な沢が多い奥多摩では珍しい勾配の緩やかな渓谷で、奥入瀬渓流に見立てたのもうなずける。遊歩道は約１キロと短

いが、山の頂上近くとは思えないほど水量豊富で滝や岩が連なる。奥多摩の風景に興味がある人には必見の場所の一つだ。

ロックガーデンの休憩所で昼食

　御岳山の山頂の武蔵御嶽神社には麓の滝本から表参道が通じているのだが、山の上のロックガーデンでのんびりするため、登りは御岳登山鉄道のケーブルカーを利用しよう。

　御岳山駅で下車したら、まずは御岳平で展望を楽しもう。山々を縫うようにして関東平野に流れていく多摩川を眺望できる。

　「歓迎」の文字が記されたアーチをくぐり、武蔵御嶽神社に向かう。鳥居の付近から山上の御師集落と社殿が見える。ビジターセンターに立ち寄って、季節の情報やロックガーデンを歩くアドバイスを得るとよい。

　御師集落を通り、商店街を抜けると随身門がある。門をくぐり、講碑の並ぶ石段を上って武蔵御嶽神社へ。拝殿に参ったあと、本殿の奥に行こ

聖なる雰囲気が漂う綾広の滝

ロックガーデンの遊歩道。歩きやすい靴で行こう

う。狛犬が狼の姿の大口真神社のわきに、山頂の石碑がある。遥拝所から遠望する奥宮、珍しい太占の祭場、旧本殿の常磐堅磐社、皇御孫命社の狛猪なども見ておきたい。

　参道の石段を途中まで戻り、「長尾平・ロックガーデン・大岳山方面近道」の標識が立つ道を下ると、茶屋のある長尾平の分岐に着く。道標に「大岳山」とある道を進む。休憩所まで行くと「ロックガーデン・綾広の滝」の道標がある。大岳山方面の道と分かれ、岩石園の入口から坂を下れば、綾広の滝が見えてくる。

　ロックガーデンは水と緑の織りなす景観も魅力だが、巧みに組んだ沢の飛び石や石段など、人が手を加えた部分の感じもよい。

　綾広の滝から15分ほど沢を下った休憩所で昼食を取る計画で歩くのがおすすめだ。

　天狗岩に着いたら長尾平の分岐を経てビジターセンターの前まで戻る。疲れていなければ、表参道を歩いて滝本に下りてみよう。御岳山の高さや信仰の歴史を体感できる。

『花の百名山』の御岳山

　山を愛した作家、田中澄江は『花の百名山』で、御前山、三頭山、高水山など数多くの奥多摩の山を取り上げた。小学生のとき遠足で訪れた御岳山は、針葉樹林が多くて暗く、頂上には神社があるだけで、子供にはつまらなかったと回想している。大人になり、ケーブルを利用して大岳山や日の出山に行き、それらの山頂から眺めて、御岳山の神社が奥多摩の山村を守る位置にあることを理解できたという。

大木の杉並木が歴史を感じさせる表参道

　田中は、高尾山でフクジュソウ、御岳山でウケラの花を取り上げた。高尾山はスミレ、御岳山はレンゲショウマの思い出も書いてほしかったと思うのは、私だけだろうか。

🏛 立ち寄り施設

御岳ビジターセンター　開館時間
9時〜16時30分、月曜（祝日の
場合は翌日）・年末年始休／東京都
青梅市御岳山 38-5 ／ TEL. 0428-78-9363

🚃 交通アプローチ

行き／ JR 青梅線「御嶽駅」から西東京バス
「ケーブル下（滝本駅）バス停」下車、御岳
登山鉄道「滝本駅」から「御岳山駅」
帰り／ 西東京バス「ケーブル下（滝本駅）
バス停」から JR 青梅線「御嶽駅」

🕐 参考タイム

御岳山駅（10分）▶御岳ビジターセンター
（15分）▶武蔵御嶽神社（10分）▶天狗の
腰掛杉（30分）▶綾広の滝（15分）▶ロッ
クガーデン休憩所（20分）▶天狗岩（40分）
▶御岳ビジターセンター（60分）▶滝本の
鳥居（10分）▶ケーブル下バス停

27
山水画の巨匠、川合玉堂ゆかりの里
白丸と鳩ノ巣渓谷

歩 行タイム	3時間25分
季 節	春 夏 秋 冬

奥多摩の白丸は、日本画家、川合玉堂ゆかりの地。人々がそれを誇りに暮らしているためか、集落を歩くと、絵に描くとよさそうな郷愁を感じさせる民家を見かける。一方、鳩ノ巣渓谷の岩と急流は、これもまた水墨画のようだ。

白丸ダムを落ちた水が絶壁の間を流れる鳩の巣渓谷。遊歩道はあるが、注意して歩く

「川合玉堂も愛した白丸散策コース」の道標

山里を訪ね、絶壁の谷を歩く

　白丸は多摩川の谷の斜面に民家が集まっている山里だ。集落を歩いても特別な見どころはないのだが、南東に向かって開けているため、見晴らしがよい。坂道を上って振り返ると、多摩川を隔てて緑濃い山々が連なっている。駅から少し歩いただけで、奥多摩の里の静けさや安らぎが体に染み込んで心地よい。

　集落の道のあちこちの角に「川合玉堂も愛した白丸散策コース」の道標がある。日本画家、川合玉堂は、昭和19（1944）年、71歳のとき、御岳に疎開し、さらに白丸に移って過ごした。道標には、玉堂が白丸の風景や体験から作った俳句や和歌が添えられているものがあり、当時の様子がわかる。そのため同コースは、奥多摩の伝統的な暮らしを知る格好の手引きになっている。

　白丸の下流の鳩ノ巣渓谷は、峡谷と呼ぶ方がふさわしいほど両岸の岩

白丸には斜面に石垣を積んで建てた家が並ぶ

白丸の集落と天地山。大きな建物は高齢者のための施設

壁は迫り、水の流れが激しい。ダムの上から見下ろす放水も迫力がある。穏やかな山里の景色と荒々しい天然の造形美の対比を楽しもう。

渓谷のダムを渡り吊り橋へ

　白丸駅から山側に踏切を渡った分岐に「川合玉堂も愛した白丸散策コース」の道標がある。矢印の指す左の道を進む。坂を上って行くと「数馬峡」と「玉堂コース」の分岐がある。まずは、玉堂コースを行く。

　板壁の家があり、白壁の家もある。石垣にはさまれた道を上ると、村の鎮守の元栖神社がある。さらに、白水山本源院の門前まで上る。

　本源院からは斜面を横切るように南西に進む。多摩川の谷の眺めがよい道だ。「玉堂コース」の道標に従って下ると、集落を一回りして、「数馬峡」との分岐に戻ってくる。

白丸ダムは東京都交通局の発電事業用ダム

今度は、数馬峡の方に行く。玉堂の和歌を掲示した天地山の展望地がある。観音堂を過ぎてさらに進むと、数馬の切通しへの道が右手に分かれている。江戸時代に奥多摩の人々が苦労して開削した古道を見ておこう。

数馬の切通しからは観音堂まで戻る。道の谷側に「数馬峡橋」の道標がある。その小道を下って青梅街道を渡り、数馬峡橋の上から多摩川を眺めよう。といっても白丸のあたりは細長い湖だ。右岸（下流に向かって右側）の遊歩道は、近年の台風で通行できなくなったため、青梅街道

白丸を和歌に詠んだ玉堂

御岳に美術館がある川合玉堂は、明治から昭和にかけて活躍した日本画家。愛知県の生まれで京都で絵を学び、上京して橋本雅邦（がほう）に入門。画壇で活躍して、名声を確立。太平洋戦争の疎開を機に、晩年は御岳に隠棲した。

天地山展望地に掲示されている玉堂の歌

玉堂の俳歌集『多摩の草屋（くさや）』には、白丸に疎開していたときの作が数多く収められている。戦時中のため、村の祭で獅子舞（ししまい）を見ている際も「囃子（はやし）いま調べ高まり獅子荒るるときしもひびく警戒警報」といった落ち着かない生活だったようだが、「隧道（すいどう）と隧道の間に春近き日をいつぱいに浴びてゐる村や」など、のどかで心なごむ歌や句も多い。

を歩いて鳩ノ巣渓谷に向かう。

　花折トンネルの手前から白丸ダムに行き、堤体の上を歩いて対岸に渡る。鳩ノ巣渓谷の深さに圧倒される。魚道管理棟が開館しているときは、地下の魚道を見学するといい。

　白丸ダムからは右岸の遊歩道を歩く。吊り橋の鳩ノ巣小橋まで、絶壁に挟まれた谷が続く。鳩ノ巣小橋で左岸に渡り、水神社から雲仙橋のた

もとへ。ここから鳩ノ巣駅に向かってもよいのだが、余力があれば、対岸の集落を歩き、さらに鳩ノ巣大橋を渡り、平将門をまつる将門神社に参ってから駅に向かおう。

将門神社。白丸の地名は平将門の城に由来するともいう

🏠 **立ち寄り施設**

白丸ダム魚道　開館時間10時〜16時（入館15時30分）、4月〜11月の土曜・日曜・祝日および夏休み期間に開館／東京都西多摩郡奥多摩町白丸1／TEL.0428-83-2295（奥多摩町観光産業課）

🚃 **交通アプローチ**

行き／JR青梅線「白丸駅」
帰り／JR青梅線「鳩ノ巣駅」

🕐 **参考タイム**

白丸駅（10分）▶元栖神社（5分）▶本源院（20分）▶天地山展望地（15分）▶数馬の切通し（25分）▶数馬峡橋（25分）▶白丸ダム魚道管理棟（10分）▶白丸ダム（25分）▶鳩ノ巣小橋（5分）▶水神社（5分）▶雲仙橋（15分）▶鳩ノ巣大橋（20分）▶将門神社（25分）▶鳩ノ巣駅

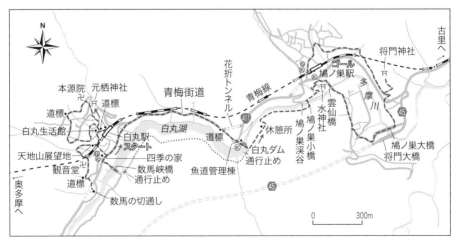

28

多摩川の上流、昔々から人が歩いてきた古道
奥多摩むかし道を歩く

歩行タイム	4時間45分
季節	春 夏 秋 冬

JR奥多摩駅から多摩川上流の奥多摩湖まで「奥多摩む
かし道」と呼ぶ約10キロのハイキングコースがある。
昔の人が甲州に旅したり、山の産物
を町に運んだりした道だ。今日は
一日、山あいの古道を歩く旅を
してみよう。

奥多摩むかし道で通った集落に家の
周りに薪を積み上げた民家があった

歩くと揺れるし
だくらの吊り橋

氷川の奥多摩むかし道の入口にある案内図

江戸から甲府まで続いた道

　奥多摩むかし道は、JR奥多摩駅から奥多摩湖畔まで続く。距離は約10キロなのでロングトレイルと呼ぶほどではないが、東京近郊では「歩く旅」のよさを味わえる格好の場所だ。

　江戸時代、新宿の追分で、五街道の一つ甲州街道から青梅街道が分かれていた。青梅街道は、中野や箱根ヶ崎などの宿場を経て、青梅の町に達した。青梅から先は多摩川沿いの細く険しい道になり、宿場はなく、山村が点在するだけだった。それでも御岳山詣の人、奥多摩湖の場所にあった温泉場の湯治客、山から炭や薪を担ぎ下ろす村人などが利用した。江戸から甲州に行く近道として使う人もいて、「甲州裏街道」や「甲州往来の裏道」とも呼んだ。

　奥多摩むかし道は、江戸時代の道筋と全く同じというわけではないようだが、山あいの集落を一つ一つたどりながら、湧き水、古い神社、薪を積み上げた家、吊り橋など、山里ならではの風物を見ることができる。

　JR奥多摩駅と奥多摩湖のどちらからスタートしても構わないが、奥多摩駅から歩いて山の上の湖に着く方が、達成感は大きいようだ。

道すがら山里の暮らしにふれる

　JR奥多摩駅のある氷川の集落には観光案内所やビジターセンターがあるので立ち寄って、奥多摩むかし道の最新情報を入手して歩き出そう。

　奥氷川神社の名木、三本杉を見て、日原川（にっぱら）を渡る。奥多摩むかし道の案内図が立っている角で、道標に従って右折し、さらに左折して、羽黒坂を上る。長い坂だが、山容の整った愛宕山が見えたり、廃線の跡があったり、飽きない道だ。上り切ると槐（さいかち）木でサイカチ（ぎ）の古木や観光トイレが

境の清泉は住民と道行く人の憩いの水

白髭神社の巨石は石灰岩の断層面だという

あり、ひと休みに便利だ。

　なだらかな道をしばらく進むと集落になる。道が少し複雑で迷いやすいが、要所には道標が立っているので確認して「奥多摩湖」方面に進む。支流の小中沢にも観光トイレがある。

　境の集落に入ったら、奥多摩むかし道から少しはずれるが、名水「境の清泉」に寄り道しよう。ワサビ田の傍らに清らかな水があふれ、蛇口からも流れ出ている。夏のハイキングには、冷たい水はありがたい。

　境の集落を出たところに鎮座する白髭神社は、奥多摩むかし道のハイライト。社殿を潰すかのような大岩は、参拝者を圧倒する。

　弁慶の腕ぬき岩、いろは楓の巨樹、薪を美しく積み上げた民家などを見ながら先に進む。

　しだくら橋にも立ち寄ろう。吊り橋の上から渓谷美を見ることができる。次の道所橋も吊り橋で、こちらもスリル満点だ。

　やがて川沿いは水道局の施設になり、道は急坂になる。浅間神社を過ぎて、山の斜面を横切るように進む。

　最後に水根沢を回り込み、奥多摩湖畔に着く。広い湖だ。湖畔で憩うもよし、ダムの上の展望塔に行くもよし、思い思いに楽しんだあと、バスで奥多摩駅に戻ろう。

明治の外交官が見た奥多摩

奥多摩むかし道の途中にある境の集落

　アーネスト・サトウは幕末から明治の激動の時代に日本に駐在した英国の通訳・外交官。日本の風土が大好きだったようで、『日本旅行日記』を読むと、旅行や登山に精力的に出かけている。植物に強い関心を持ち、明治10（1877）年4月、青梅街道で甲州に向かった際には、奥多摩でカタクリの花を熱心に探した。

　明治14（1881）年7月、南アルプスへの道中では、青梅から御岳山に登って氷川に泊まった。翌日、境の集落を通ったとき、屋根がユリの花でおおわれた家を見たことを記している。氷川から原（奥多摩湖に沈んだ集落）に至る道の風景は絵のようだとも書いている。

山の湖は歩いて着くと感慨もひとしおだ

🏫 **立ち寄り施設**

奥多摩水と緑のふれあい館　開館
時間 9 時 30 分〜 17 時、水曜（祝
日の場合は翌日）・年末年始休
東京都西多摩郡奥多摩町原 5
TEL. 0428-86-2731

🚃 **交通アプローチ**

行き／ JR 青梅線「奥多摩駅」
帰り／西東京バス「奥多摩湖バス停」から
JR 青梅線「奥多摩駅」

🕐 **参考タイム**

奥多摩駅（5 分）▶奥氷川神社（10 分）▶
羽黒坂（20 分）▶サイカチの古木（50 分）
▶境の清泉（10 分）▶白髭神社（30 分）
▶しだくら橋（20 分）▶道所橋（45 分）
▶浅間神社（55 分）▶奥多摩水と緑のふれ
あい館（20 分）▶小河内ダム展望塔（10 分）
▶奥多摩湖バス停（10 分）

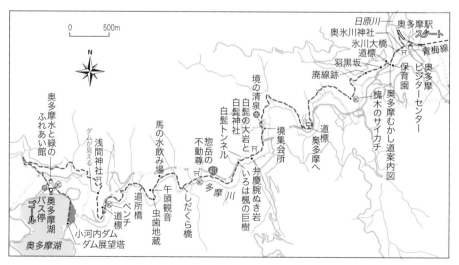

現地情報 奥多摩観光協会　東京都西多摩郡奥多摩町氷川 210　TEL. 0428-83-2152

29

湖の浮橋を渡り、湖畔の小道を散策
麦山の浮橋から山のふるさと村へ

歩 行タイム	2時間55分
季節	春 夏 秋 冬

浮橋は水面を歩いている気分になって愉快だ。湖の真ん中に立つと、奥多摩湖の大きさを実感できる。麦山の浮橋を渡った岸には「湖畔の小道」が、東京都の「山のふるさと村」まで続いている。次はキャンプに来ようかな。

麦山の浮橋の上から小河内神社側を見る

小河内神社側の岸から望む麦山の浮橋。湖上の散歩は気持ちよさそうだ

浮橋は奥多摩湖の人気スポット

浮橋は水面に筏を並べた橋。奥多摩湖には麦山と留浦に2本の浮橋がある。どちらも浮きは樹脂製だが、以前はドラム缶を使っていたため、「ドラム缶橋」とも呼ぶ。

奥多摩湖の浮橋は、水道貯水池として湖を管理するためのものなのだが、誰でも渡ることができて、観光名所になっている。とくに麦山の浮橋は、対岸に渡ると東京都の自然ふれあい施設「山のふるさと村」まで遊歩道が整備されていて、ハイキングに向いている。

浮橋は、日本には昔から存在した。『新古今和歌集』に収められている藤原定家の歌「春の夜の夢の浮橋とだえして峰に別るる横雲の空」は有名だ。浮橋は夢と結びついて、頼りなさ、はかなさ、おぼつかなさ、世の中を

峰谷橋を渡って麦山の浮橋へ

渡る難しさのたとえだった。『源氏物語』には「夢のわたりの浮橋か」という記述もある。

浮橋は子供の遊具ではない。大人が渡っても面白い。湖上の浮橋に立って、山の上を流れていく雲を眺めるのは風雅である。

広い湖を歩いて渡る爽快感

麦山の浮橋のたもとに、小河内神社バス停があるのだが、一つ手前の峰谷橋バス停で下車して、浮橋まで歩いてみよう。駐車場やトイレもある。峰谷橋は赤い塗装が奥多摩湖岸の緑に映えて鮮やか。アーチの形もクラシックな雰囲気で優美だ。

峰谷橋を渡ったら、そのまま国道411号青梅街道のトンネルを抜けれ

山のふるさと村に至る湖畔の小道

湖畔の小道の景色。湖面に映る山々が美しい

山のふるさと村にはビジターセンターやキャンプ場がある

ば近道になる。しかし、景色を楽しむため、トンネルの上の尾根を越えよう。トンネルのわきに「鶴の湯温泉馬頭館」の看板が出ている。その坂道を上る。馬頭館の前を通り、「浮橋方面」の表示に従って坂を下ると、眼下の湖面に浮橋が見える。

　奥多摩の鶴の湯温泉は歴史があり、もとは湖底に沈んだ小河内村の原にあった。近隣の農民の湯治客だけでなく、江戸や東京から旅人も訪れた。

昭和初期には、詩人で歌人の北原白秋が、鶴の湯温泉と小河内村を愛し、湖底に沈むのを惜しんで、数多くの歌を詠んだ。

　麦山の浮橋は、湖岸から橋を見ても、橋上から湖の風景を見ても、よい眺めである。

　浮橋で対岸に渡ると、遊歩道の湖畔の小道が、山のふるさと村まで続いている。所々、樹間に湖が見えると、これまたいい眺めだ。

東京の水道のために移転した村人

湖底に沈んだ村の9社を遷座した小河内神社

　奥多摩湖は昭和32(1957)年に完成した人造湖だ。戦前、ダム工事が始まるまで、湖のある場所には、小河内村の人々が住んでいた。

　住み慣れた土地を離れなければならなかった人たちは苦労した。小河内村が発行した『湖底のふるさと小河内村報告書』には、移転を前にした小学生の作文が載っている。「おらがじやあどこへ引越すのよ」と聞く6年生の娘に、父親は「どこだかまだわからねえ」と答えて考え込んでいる。故郷を去るのは悲しいが、「これで、東京市民をすくふことが出来る。こう思ふと、私達もあきらめねばなりません」と書いた少女の心情は忘れてはならないと思う。

山のふるさと村は木陰や広場にテーブルやベンチがあり、昼食を取るのに適している。休憩し、村内を一通り見学したら、湖畔の小道と麦山の浮橋を通って戻る。

小河内神社バス停から乗車して帰る前に、小河内神社に参ろう。湖底に沈んだ村のいくつもの神社の祭神

を勧請して創建された社で、奥多摩湖と周辺の鎮守にふさわしく、湖に突き出た岬の小高い峰の上に鎮座している。

浮橋は湖の水位の変化や補修により通行できないことがある。山のふるさと村のホームページをチェックしてから出かけよう。

立ち寄り施設
山のふるさと村ビジターセンター　開館時間9時〜16時30分、年末年始休　東京都西多摩郡奥多摩町川野1740　TEL. 0428-86-2551

交通アプローチ
行き／JR青梅線「奥多摩駅」から西東京バス「峰谷橋バス停」
帰り／西東京バス「小河内神社バス停」からJR青梅線「奥多摩駅」

参考タイム
峰谷橋バス停（10分）▶馬頭館（5分）▶麦山浮橋の北岸（5分）▶麦山浮橋の南岸（45分）▶山のふるさと村ビジターセンター（10分）▶岬園地（10分）▶リスの広場（10分）▶クラフトセンター（45分）▶麦山浮橋（20分）▶小河内神社（15分）▶小河内神社バス停

30

深山路の果ての地底ハイク
日原の集落と鍾乳洞を歩く

歩　行タイム	2時間30分
季　節	春 夏 秋 冬

日原地区は、奥多摩のなかでも山深い里だが、バスで気軽に行き、豊かな自然にふれることができる。大きな鍾乳洞があり、地底探検も楽しめる。
夏の日原鍾乳洞は、涼を求めて訪れる人たちが集まって、ひとときわにぎわう。

古くは一石山権現と呼ばれた一石山神社

高い山々に囲まれた日原の集落。日原川の谷にせり出すように家が立ち並んでいる

日原街道を進む。稲村岩が行く手に見える

小川谷の岸に日原鍾乳洞の入口がある

奥多摩の観光地、日原鍾乳洞

奥多摩には鍾乳洞がいくつかあり、規模の大きい日原鍾乳洞は観光客も入ることができる。一年を通して見学できるが、夏は洞内の空気がひんやりとして、特に人気だ。地底を迷路のように続く洞窟の遊歩道をたどった末に、突然、開ける大広間では、驚きの声があがる。

日原地区は奥多摩のなかでも山深い所だ。北側は埼玉県の秩父市なのだが、山と谷が険しく結ぶ道路はない。日原に至る道路は、奥多摩駅のある氷川から都道204号の日原街道しかない。2019年秋の台風で日原街道の一部が崩落して、日原の集落が孤立したことは記憶に新しい。

交通不便な土地だが、昔から旅人は訪れた。集落の奥の鍾乳洞が聖地とされ、一石山権現と称し、修験の道場だった。江戸時代の『御嶽山一石山紀行』を読むと、地元の人が先達となって松明を灯し、参詣者を案内している。現在は洞内に照明が整備されているが、それでも洞窟を歩くのは、わくわくする体験だ。

山深き里からさらに奥へ

日原の集落から歩いて鍾乳洞まで行ってみよう。東日原バス停で下車して日原街道を東に進む。簡易郵便局、駐在所、「万寿の水」と呼ぶ水場を過ぎる。正面に見える尖った小山は「稲村岩」といい、日原の集落のシンボルだ。

集落を出ると谷沿いの林の道になる。起伏のない舗装道路で歩きやすい。鍾乳洞バス停を通り過ぎて、小川谷橋を渡ったら、「鍾乳洞」の看板の矢印が指す右の道を行く。断崖絶壁の道で深山を実感する。売店と一石山神社の社号碑を過ぎると、鍾乳洞に下りる道がある。

入場券を買って橋で対岸に渡り、鍾乳洞に入る。洞内探勝の所要時間は、ゆっくり歩いても約1時間だ。洞内の分岐などには進む方向の指示

が掲げられており、道に迷うことはない。珍しいハイキングで、きっとよい思い出になる。

　日原鍾乳洞を出たら上流に道路を歩いて駐車場まで行ってみよう。梵天岩、燕岩、籠岩といった奇岩や断崖絶壁を見ることができる。

　帰りは、平日は鍾乳洞バス停から

照明が幻想的な日原鍾乳洞内

乗車。土日祝日は東日原バス停まで歩いて戻って乗車しよう。

0　　　　500m

🚉 立ち寄り施設
日原鍾乳洞　営業時間9時〜17時（12月〜3月16時30分）、年末年始休　大人800円、中学生600円、小学生500円／東京都西多摩郡奥多摩町日原／TEL. 0428-83-8491

🚃 交通アプローチ
行き／JR青梅線「奥多摩駅」から西東京バス「東日原バス停」
帰り／西東京バス「東日原バス停」からJR青梅線「奥多摩駅」
※「鍾乳洞バス停」までのバスは平日のみ

⏱ 参考タイム
東日原バス停（10分）▶万寿の水（20分）▶小川谷橋（10分）▶一石山神社（5分）▶日原鍾乳洞入口・洞内探勝（50分）▶鍾乳洞入口（5分）▶燕岩（20分）▶鍾乳洞バス停（30分）▶東日原バス停

現地情報　日原保勝会　東京都西多摩郡奥多摩町日原760　TEL. 0428-83-2099

多摩・奥多摩あれこれ

11月の秋川渓谷　秋川渓谷の吊り橋、石舟橋のたもとにある展望台。ここから眺める紅葉は絶景だ。

多摩・奥多摩の地形と自然

本格的登山も楽しめる奥多摩

　島を除く東京都の地形は大まかにいうと、西から奥多摩の山地、丘陵地、武蔵野台地、東京湾岸の低地となっている。

　奥多摩の山々は、埼玉・山梨・長野・群馬の県境にまたがる関東山地の一部だ。ハイキングではなく本格的な登山になるため

本書では取り上げていないが、都最高峰の雲取山（2017m）をはじめ標高1500メートルを超える山々が連なる。山の高さは東ほど低くなり、御岳山（929ｍ）、浅間嶺（903m）、高水山（759m）はハイカーにも人気がある。山はさらに低くなり、高尾山（599m）、今熊山（505m）、八王子城址がある深沢山（446m）などを東の端として、

丘陵や武蔵野台地になる。

奥多摩の山地には山梨県の笠取山（かさとり）を源とする多摩川が、西から東に流れ、上流にはダム湖の奥多摩湖や鳩ノ巣・御岳などの渓谷がある。

多摩川の最も大きな支流は秋川で、三頭山（みとう）を水源とし、中流域の昭島市で本流に注ぐ。浅川、平井川などの支流もある。

ハイキングに適した丘陵地

奥多摩の山地と武蔵野台地の間には丘陵地がある。本書に掲載の滝山城跡は加住丘陵（かすみ）、羽村堰の右岸（下流に向かって右）は草花丘陵、塩船観音寺がある霞丘陵は加治（かじ）丘陵の一部だ。

多摩丘陵は高尾山麓から東に八王子市、日野市、多摩市、稲城市、町田市まで続く。標高は西の端で230メートル、東の端で70メートルほど。小高い丘が連なり、ハイキングに適している。

多摩丘陵の北縁を多摩川が流れ、その北に武蔵野台地が広がる。武蔵野台地は、多摩川が奥多摩の山地を抜ける青梅を頂点とする扇状地である。狭山丘陵は、武蔵野台地に浮かぶ島のように、ほかの丘陵とは離れて存在している。

奥多摩の杉林、丘陵の雑木林

奥多摩の山地は昔から木材を切り出す山であり、鷹狩り用のタカを保護する巣山であり、水道水源林であり、御岳山や高尾山など神仏をまつる神聖な山もあったため、木々が保護されてきた歴史が長く、今も森林が豊かだ。

スギやヒノキのような針葉樹の植林が盛んで薄暗い山道も多いが、『日本書紀』に「杉は浮宝（うくたから）（船のこと）、檜は瑞宮（みずみや）（美しい宮殿のこと）の材にすべし」とあるほど、古くからこの２種類の木は重宝されてきた。

一方、多摩丘陵をはじめとする丘陵地は、近世以降、江戸・東京で消費する薪や炭の生産地として利用され、今もコナラ、クヌギなど落葉広葉樹の雑木林が多い。そのため、林間の道は木もれ日で明るく、秋は黄葉が美しい。

奥多摩は関東山地の奥秩父に続く広い山域を成し、クマやサルなどの野生動物が生息している。高水三山の岩茸石山（いわたけいし）（793m）の登山道で、天然記念物のニホンカモシカに出会い、驚いたことがある。

多摩丘陵などの丘陵地にもタヌキなど中型の哺乳類は生息しているが、ハイキングで見ることのできる動物は主に野鳥である。

多摩丘陵の長沼公園から武蔵野台地と山々の眺め

多摩・奥多摩の歴史

江戸・東京近在の農山村から発展

多摩という地名は多摩川に由来し、「多麻の横山」や「武蔵国多磨郡」として古代から使われてきた。一方、奥多摩という言葉は新しい。大正時代に奥多摩川保勝会（観光協会）が設立したときに作られ、昭和30年代に奥多摩町や奥多摩湖の名称に使われた。多摩川上流域を中世には「杣保」と呼んだという。江戸時代の地誌は「郡の西」と書いている。

多摩・奥多摩には古くから人が住み、縄文時代の遺跡が多い。しかし、弥生時代の遺跡は少ない。山地や丘陵地で、水田稲作に向いていなかったためのようだ。古代には府中に武蔵国の国府が置かれたこともあって、多摩は人々が割と多く暮らす土地だった。奥多摩も奈良時代中ごろから本格的に人が住んだという。

中世から戦国時代には武将や城主など支配層もいたが、庶民は丘陵地の谷戸では農耕を行い、奥多摩の山地では山仕事をして細々と暮らした。その生活が大きく変わったのは、徳川家康が江戸に城下町を築いて以降だ。人口100万人の都市は、木材、薪炭、織物、農作物などの大消費地になり、多摩・奥多摩地域は経済的に潤った。幕末は開国によって、横浜港に輸出用の生糸を送る商人などが栄えた。

廃藩置県により多摩地域は横浜とのつながりで神奈川県になる。約20年後、多摩川上流域を東京の水道水源として確保するため、東京府に移管される。多摩は自由民権運動が盛んな地域だったため、神奈川県は移管を認めたともいう。

昭和の高度経済成長期、ニュータウンの建設で多摩丘陵は林と農地から住宅地に変わった。奥多摩は東京近郊の観光地になった。それでも多摩・奥多摩地域には、緑の丘や清らかな川、里山の風景や豊かな自然がたくさん残っている。

多摩地域の自由民権運動の象徴、あきる野市の五日市中学校にある「五日市憲法草案の碑」

1893（明治26）年、多摩地域は神奈川県から東京府に移された。出典：町田市立自由民権資料館

142

時代	西暦・年号	できごと	関連コース
縄文		多摩地域全体に住居の遺跡が多数ある。	
弥生		山地が多いためか、縄文時代に比べて遺跡は少ない。	
古墳		多摩川沿いや多摩丘陵に古墳がある。	
飛鳥	703（大宝3）	武蔵国府に最初の武蔵守（国司）が任じられる。	
奈良	755（天平勝宝7）	『万葉集』に防人とその家族の歌が収録される。	P24
平安	939（天慶2）	平将門が「新皇」と称して関東に君臨するが、翌年、討たれる。	P104・P124
	中期	『延喜式神名帳』に多摩郡から阿豆佐味天神社など8社が載る。	P100
	後期	高幡山金剛寺の不動明王像が造られる。	P28
		源平合戦で平山季重や小山田有重が活躍。	P32・P44
鎌倉	1191（建久2）	畠山重忠が武蔵御嶽神社に赤糸威大鎧を奉納と伝わる。	P120
	初期	鎌倉街道が整備される。	P40
	1333（元弘3）	上州の新田義貞が鎌倉攻めの途上、関戸で幕府軍と戦う。	P20
南北朝	1375頃（永和）	高尾山薬王院に飯縄権現をまつり、修験・祈祷の寺として中興。	P64
戦国	1569（永禄12）	甲斐の武田信玄が北条氏照の滝山城を攻撃する。	P60
	1590（天正18）	八王子城が豊臣秀吉の軍により落城。小田原の北条氏が滅ぶ。	P56
		豊臣秀吉の命で、徳川家康が東海から関東に移る。	
		江戸城の築城と甲州街道など五街道の整備が始まる。	P52
		石灰を江戸に運ぶため、成木（青梅）街道が整備される。	P108
江戸	1603（慶長8）	征夷大将軍に任じられた徳川家康が、幕府を開く。	
		江戸の町の建設が本格的に始まり、木材の需要が高まる。	
		木材を江戸に運ぶため、多摩川・秋川で筏流しが盛んになる。	P116
	1653（承応2）	多摩川中流域の羽村から江戸まで玉川上水を開削する。	P96
	中期	黒川炭、案下炭など多摩地域の良質な炭が江戸で評判になる。	P24・P72
		八王子が「桑都」と呼ばれ、養蚕・製糸・織物で栄える。	P52
	1859（安政6）	横浜開港で多摩丘陵の鑓水商人が隆盛する。	P36
	1863（文久3）	近藤勇や土方歳三が新選組に加わる。	P28
明治	1868（明治元）	江戸を東京に改称。	
	1871（明治4）	廃藩置県により、多摩郡は神奈川県が管轄。	
	1878（明治11）	多摩郡を西・北・南多摩郡の3郡（三多摩）に分割。	
	1881（明治14）	明治天皇が多摩丘陵の連光寺村（現・多摩市）で兎狩りを天覧。	P20
		多摩地域の各地で自由民権運動が盛んになる。	
	1893（明治26）	神奈川県の多摩3郡を東京府に移管する。	
	後期	生糸の流通の変化や鉄道の開通で、鑓水商人が衰退。	P36
大正	後期	鉄道やトラックの利用で、多摩川の筏流しが消滅。	P116
昭和	1927（昭和2）	大正天皇陵の多摩陵（現・武蔵陵墓地）が完成。	P52
	1930（昭和5）	明治天皇の行幸を記念する多摩聖蹟記念館を開館。	P20
	1938（昭和13）	小河内ダム着工。その後、太平洋戦争で工事中断。	P132
	1954（昭和29）	高幡不動～平山城址公園～野猿峠のハイキングコースを整備。	P32
	1957（昭和32）	小河内ダムの完成で、小河内貯水池（奥多摩湖）ができる。	P132
	1971（昭和46）	多摩ニュータウン（諏訪・永山地区）の入居を開始。	P24
平成	2006（平成18）	横沢入が東京都の「里山保全地域」に指定される。	P84

多摩・奥多摩を書いた本

万葉集から近世の紀行まで

多摩地域は、『万葉集』の「赤駒を山野にはがし捕りかにて多摩の横山徒歩ゆか遣らむ」や「多摩川にさらす手作りさらさらになにそこの児のここだかなしき」のように、古代から和歌に詠まれてきた。

中世になると鎌倉街道沿いの地名が『太平記』、『曽我物語』などに出てくる。室町時代の連歌師、宗長は青梅の勝沼城に滞在したことを『東路のつと』に記した。「武蔵国勝沼といふ所に至りぬ。三田弾正忠平氏宗、この所の領主たり」とあり、「霧は今朝分け入る八重の外山かな」の句のあと「こ

の山家、後ろは甲斐国の山、北は秩父などいふ山に続きて、まことの深山とは、ここをや申すべからん」と書いている。杣保（奥多摩の古称）は、甲州、秩父に至る広大な山地として認識されていた。

江戸時代は、江戸の人々が多摩川流域に出かけるようになり、紀行や地誌に多摩地域の詳細な記述が載る。幕臣で狂歌師の大田南畝の『調布日記』を読むと、当時の風景が目に浮かぶ。「羽村の方にゆかんとて出たつ。拝島の宿を出て、水車ある農家のかたはらより畑に出れば、桑の木多し。熊川村の林中よりむかふに、富士の山の雪しろくなかばばかり見えし景色、絵にもかかま

青梅の光明寺の裏山が宗長の滞在した勝沼城跡。城主の三田氏は平将門の後裔を自称した。

北原白秋は小河内村の行き来の途中も歌を作った。御岳渓谷の澤乃井園に歌碑がある。

ほし。ややありて上水の堤に出たり。これは江戸四谷の水門にいたれる上水なり。水の色青くして清し」と続き、陣屋や阿蘇神社などの様子が記されている。

子規や柳田国男を開眼させた旅

明治になり、高尾山のコラムで触れた正岡子規の『高尾紀行』の旅は、子規が俳句の革新者になるための重要な転換点だったようだ。のちに『獺祭書屋俳句 帖 抄』で、「冬の始に鳴雪翁と高尾の紅葉見に行た時は天然の景色を詠み込む事が稍々自在になつた。

　麦蒔きや束ねあげたる桑の枝

　松杉や枯野の中の不動堂

などいふ句は此時出来たので平凡な景、平凡な句であるけれども、斯ういふ景をつかまへて斯ういふ句にするといふ事がこれ迄は気の附かなかつた事であつた」と子規は述懐している。

民俗学者の柳田国男は初期の著作『後狩詞記』の序に、奥多摩の棚澤（白丸の東）

の山中の峰という集落で狩りの話を聞いた思い出を書いている。

「東京から十六里の山奥でありながら、羽田沖の帆が見える。朝日は下から差して早朝は先づ神棚の天井を照らす家であつた。此家の縁に腰を掛けて狩の話を聴いた。小丹波川の源頭の二丈ばかりの瀧が家の左に見えた。あの瀧の上の巌には大きな穴がある。其穴の口で此の熊（今は敷皮となって居る）を撃つたときに、手袋の上から二所爪を立てられて此傷を受けた。此犬は血だらけになつて死ぬかと思つたと言つて、主人が犬の毛を分けて見せたれば、彼の背には縦横に長い瘢痕があつた」

峰は高度経済成長期に無人になったという。柳田が書き留めたことは貴重だ。

大正時代には恩方の童謡作家、中村雨紅が『夕焼け小焼け』を書いた。羽村の作家、中里介山の小説『大菩薩峠』の主人公、机龍之介は御岳渓谷に面した沢井村の道場主の設定である。

昭和になると、ダム建設で小河内村が奥多摩湖になることを北原白秋は歌を詠んで惜しみ、石川達三は小説『日蔭の村』を書いた。

『武蔵名勝図会』『新編武蔵風土記稿』『玉川泝源日記』など多摩・奥多摩について記された本。

145

多摩・奥多摩の花めぐり

季節の移り変わりを教えてくれる花との出会いは、多摩の野山を歩く大きな楽しみだ。開花の時期に合わせて群生地に出かければ、カタクリ、セッコク、レンゲショウマといった少し珍しい花も容易に見ることができる。

高尾山のスミレ。スミレを見ると夏目漱石の句「菫ほどな小さき人に生れたし」を思い出す。

青梅の金剛寺は将門伝説の梅の木で名高いが、古木の枝垂れ桜の花も見事である。

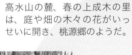

高水山の麓、春の上成木の里は、庭や畑の木々の花がいっせいに開き、桃源郷のようだ。

3月下旬、多摩丘陵の長沼公園に咲いたカタクリの花。片倉城跡公園もカタクリの名所。

浅間尾根の山道に咲くカタクリの花。多摩丘陵で見るカタクリとはずいぶん印象が異なる。

高尾山の初夏の花、セッコク。6月初旬、ケーブルカー駅に移植した株が満開を迎えていた。

薬師池公園を彩るハナショウブ。梅雨入り前の青空がよく似合うあでやかな花。

梅雨の草戸山に咲くホタルブクロ。昔の子供はこの花にホタルを入れて遊んだという。

滝山城の丘に咲いていたリンドウ。毎年秋になると、リンドウの花を探して野山を歩く。

塩船観音寺のツツジ。堂を取り囲む山の斜面の花が満開になった景色は壮観。

大岳山の登山道に咲いていたギンリョウソウ。全体が透き通るように白い不思議な植物だ。

リンドウの仲間には、春咲く種類もある。場所は秋のリンドウと同じ滝山城の丘の草原。

晩秋、六道山の宮野入谷戸の道で見つけたノササゲの種子。濃紫の美しい色をしている。

御岳山の夏の風物詩、レンゲショウマ。群生地だけでなく、武蔵御嶽神社の境内にも咲く。

147

多摩・奥多摩の風景を気軽にスケッチ

ハイキングの休憩時間、美しい景色だと感じたら、はがきサイズの小さな画用紙に絵を描こう。帰路にポストがあれば、自分宛に投函しよう。日記や俳句を書き添えておくと、届いたとき、山や丘やせせらぎの風景がよみがえる。

休憩や昼食のとき、水彩画を描く

　緑の山や澄んだ川は眺めているだけで気持ちのよいものだが、風景が気に入ったら、スケッチしてみてはいかがだろうか。

　ハイキングは野山を歩くのだから、荷物は少なくて軽い方がいい。そして、帰りの駅やバス停まで歩き通さなければならないのだから、絵を描くのにあまり時間はかけない。この二点が、ハイキングをしながら絵を描くポイントだ。

　持ち歩く道具を減らすには、パレットを使わない水彩色鉛筆や水溶性パステルで描くことをすすめる。色数も10色程度にする。筆は軸に水を入れるタイプのものが便利だ。短時間で描くには、紙は小さい方がよく、はがきサイズの画用紙が使いやすい。

　歩いているときにスケッチする風景を探したりはしない方がいい。休憩や昼食を取ろうと思った場所は、たいてい景色もよいはずなので、そのとき目の前の風景を描く。逡巡して機を逃したりせず、絵の道具を出して数分間で描いてしまう。自分の楽しみで描くのだから、線が曲がっても色が実景と違っても気にしない。家に帰って続きを描こうと思わないこと。帰宅すれば、雑事が待っているはずだから、その場で描けたものでよしとする。傑作を目指すことはない。どんな絵ができても唯一無二の作品である。

　描いた絵は持ち帰ってもいいが、帰路にポストがあれば、私は切手を貼り、自分宛に投函する。文面には、その日の記録や俳句を書く。郵便局で風景印を頼むこともある。帰宅した2、3日後、自宅に届いたはがきの絵を見ると、野山や川辺を歩いたことを思い出して、うれしくなる。

浅間嶺の昼食のとき、正面にそびえていた大岳山を描いた。使った道具は、鉛筆、サインペン、水溶性パステル、ウォーターブラシ。

広い青空が印象的だった夏の陣馬山

水が気持ちよかった初夏の御岳渓谷

2020.4.5 浅間嶺 H.S

若葉が美しかった5月の秋川渓谷

緑が濃くなっていた8月の秋川渓谷

夏休みに多摩川を歩いて 絵地図を作った

　子供が小学4年の夏休み、家族で多摩川を河口から奥多摩湖のダムまで10日かけて歩いた。毎日夕方、帰宅すると、息子は画用紙に川を表す2本の線を描き、橋や堰など撮ってきた写真を貼った。絵地図が完成したとき、つなぎ合わせた画用紙の長さは10メートルを超えた。多摩川を歩いてさかのぼった経験は、彼にとって大きな自信になったようだった。

7日目、羽村堰から青梅の日向和田まで歩いた日の絵地図

完成した多摩川の絵地図を自宅前に広げてみた

149

多摩・奥多摩の寺社めぐり

多摩・奥多摩には由緒ある寺や神社があちこちにある。社殿や堂を取り巻く景色が美しく、新緑、紅葉、花の名所も多い。参拝の記念に御朱印をいただいてみてはいかがだろう。

高幡山金剛寺
こんごうじ

　高幡不動尊と呼ばれ、厄除で知られる。真言宗智山派別格本山。奥殿の不動三尊像は関東では稀な平安時代の作。不動堂の護摩修行に参列すると厳粛さに圧倒され、昔の人が不動明王を厚く信仰していた気持ちが理解できる。

高幡不動尊の不動堂と五重塔

不動明王の梵字と尊号の墨書に宝印の御朱印

高尾山薬王院
やくおういん

　寺号は有喜寺だが、薬王院と呼ばれることが多い。真言宗智山派大本山。院号が表すように本尊は薬師如来だったが、南北朝時代、飯縄権現をまつり、以後、修験道の霊場として栄えた。飯縄権現は狐に乗る天狗の姿をした神だ。

薬王院の飯縄権現堂

「南無飯縄大権現」の墨書に宝印の御朱印

武蔵御嶽神社
むさしみたけ

　言い伝えでは、日本武尊がこの山に武具を納めたため、「武蔵」の国名になったという。中世は修験の霊場。近世は「お犬さま」と呼ばれた大口真神の霊験で知られた。宝物殿の赤糸威大鎧（国宝）と紫裾濃大鎧（重文）は必見。

武蔵御嶽神社の拝殿

杉林に満月のような意匠の御朱印

大悲願寺
だいひがんじ

　源頼朝の命を受けて、坂東武者の平山季重が建立したと伝えられる多摩を代表する古刹。仁王門を入った境内には、江戸時代の堂が立ち並ぶ。観音堂の彫刻も見ごたえがある。秋の初めは白萩の名所としてにぎわう。

大悲願寺の観音堂

「無畏閣」は大悲願寺の観音堂のこと

広徳寺
こうとくじ

　南北朝時代の開山後、衰微したが、戦国時代に小田原の北条氏が再興した。山里に建つに山門と本堂は風情がある。イチョウの黄葉で知られるほか、タラヨウとカヤの古木がある。

広徳寺の本堂

本尊の名号「聖観世音菩薩」に三宝印

武蔵阿蘇神社
むさしあそじんじゃ

　飛鳥時代、推古天皇のときに創建されたと伝える古社。平将門、藤原秀郷が社殿を造営したとも伝える。祭神の健磐龍命は、元来、九州の阿蘇を開拓した国土開発や水利の神。

多摩川に臨む武蔵阿蘇神社の社殿

社名の墨書に社印の御朱印

青梅山金剛寺
こんごうじ

　平安時代、平将門の創建と伝える寺。将門が馬の鞭に使っていた枝を地に挿して根付いたという伝説を持つ「将門誓いの梅」の木がある。青梅の地名発祥の地。枝垂れ桜の花も見事だ。

青梅金剛寺の本堂

「本尊白不動明王」の墨書に宝印

海禅寺
かいぜんじ

　室町時代の開山。豪族、三田氏の保護を受けて隆盛した。戦国時代、三田氏が北条氏により滅ぼされた際、諸堂を焼失したが、近世に復興した。桜、シャクナゲなど花の美しい寺だ。

海禅寺の山門

本尊の名号「大聖釈迦如来」に三宝印

東京に雪が降ったら高尾山に登りに行こう

雪の降った野山の道に足跡を付けて歩くのは気持ちがいい。しかし、奥多摩の山は、冬山登山の経験者でなければ無理だ。一方、丘陵の雪は、すぐに解けてしまう。その間に位置する高尾山なら、ハイカーでも雪山気分を楽しめる。

山頂の見晴園地は、きっと雪原

「雪山を歩いてみたい」と思っている人は、東京に雪が降ったあとの晴れた日、高尾山に登りに行ってみよう。雪景色の高尾山は、いつもより人が少なくて落ち着いている。

時期は 3 月がおすすめだ。真冬に比べて昼の時間が長く、余裕を持って行動できる。低山の高尾山では、積雪は見る見る解けていくが、それもまた春山の風情がある。

コースは、64 ページの高尾山ハイキングの登りで紹介した 1 号路を利用して山頂まで往復するのが、舗装路で歩きやすくて安

登山靴や長靴などさまざまな人が歩いているが、スニーカーは雪道に向かない

3 月の 1 号路、雪の金比羅台と雪のない金比羅台。上の雪道の写真は金比羅台に雪がなかった日の方の山頂手前の様子

心だ。沢沿いの6号路や尾根道の稲荷山コースは、雪解け水で道がぬかるみ、凍っている場所もあり歩きにくい。

　山頂より先は積雪が急に多くなる。山歩きに慣れている人も本格的な雪山登山の服装をしていなければ、山頂西側のもみじ台に立つ「これより奥高尾」の標識より先には行かない方がいい。夏山の感覚で雪の奥高尾を進むと遭難する危険がある。小仏峠まで歩いたり、さらに先の陣馬山まで縦走したりするには、冬山の装備と雪山登山の経験が不可欠だ。

防水のトレッキングシューズをはく

　1号路の山頂往復に必要の装備は、まず防水の靴。くるぶしまで包むトレッキングシューズをすすめる。さらにロングスパッツを付けて靴に雪が入るのを防ぐ。服の上下も防水の暖かい物を着る。それから手袋と耳をおおえる帽子。ザックには、飲み物、食べ物、地図を必ず入れる。スキー用のストックもあれば便利だ。

　登山道の積雪の状態は降雪の量や経過した時間で異なるが、数日前に降ったのなら、山麓や金比羅台には雪がなくても登っていくにつれて積雪があり、薬王院と山頂の間には、かなり雪が残っているはず。山頂の見晴園地は、雪原だろう。晴れていれば、丹沢と道志の山の間に真っ白な富士山を望むことができる。

雪山ではストックを使うと体が安定する

「これより奥高尾」の標識。ここから先に行くことができるのは、雪山の経験者だけだ

山頂の見晴園地。大室山の右側に雪の富士山がそびえている

多摩・奥多摩の農産物を味わう

採れたての旬の野菜や果物を現地で買うのも里山歩きの楽しみ。秋のハイキングは、リンゴ狩りや芋掘りをコースに盛り込んでみよう。

畑や果樹園が点在する多摩地域の町や里では、農産物の直売所や無人の売店を見かける。荷物にはなるが、歩いている土地の野菜や果物を入手できるのはうれしいものだ。

多摩の春の野菜といえば、のらぼう菜。アブラナ科の葉物で、新芽とつぼみをおひたしにすると、素朴な味わいが何ともよい。同じころ、タケノコが売られている。太い孟宗竹も細身の淡竹も掘りたてはあくがなくて、うまい。

八王子の恩方や日野市の百草万蔵院台にはリンゴを栽培している農家があり、秋にはもぎ取りを楽しめる。ただし、台風などの天候に左右され、収穫できない年もある。川崎市麻生区の黒川東営農団地は、秋、サツマイモや落花生の掘り取りでにぎわう。

黒川の秋の風物詩、芋掘り

陣馬山の麓、上恩方のリンゴ園

おすすめの農園

リンゴのもぎ取りとサツマイモ・落花生掘り。どちらもシーズンは秋。

●陣馬りんご　花井農園
東京都八王子市上恩方町 1510
TEL.042-651-2288

●黒川東芋掘会
（黒川東営農団地内）
神奈川県川崎市麻生区黒川 549

◀朝掘りのタケノコ。明治天皇は兎狩りの折、日野の名主の家で大田南畝の「たけのこのそのたけのこのたけの子の子の子の末もしげるめでたさ」の歌をご覧になり笑ったという

◀のらぼう菜は、さっと茹でて醤油をかけると美味

秋川、多摩川で魚釣り

川辺を歩いていると魚影が見えて、「釣り道具を持ってくればよかった」と思うことがある。次は釣りを目的にハイキングに出かけようかな。

多摩川や秋川の上流にはヤマメやイワナがすんでいるが、渓流魚は警戒心が強く、ハイキングのついでに釣れるような魚ではない。ハイキング中に釣りをするとしたら、中流域でハヤとも呼ぶウグイやオイカワなどの雑魚釣りが手頃だ。

川で釣りをするには漁業協同組合の遊漁券が必要だが、最近はコンビニでも販売していて便利だ。ヤマメ・イワナの1日券は数千円もする。その点、雑魚券は数百円なので、釣れなくても気楽だ。道具は、短い竿に釣り糸、玉ウキ、小さな釣り針、釣れた魚の入れ物。餌は釣具店で買ってもいいし、弁当のかまぼこやソーセージをちぎっ

て使ってもいい。魚の食いが立っていれば、毛針や空針でも釣れる。

マス釣り場を目的地にしてハイキングに出かけるのも素敵なアイデアだ。釣り道具を貸してくれるので、手ぶらで行って楽しめる。入漁料は数千円で10尾までといったところが多い。渓流にあるため、どこも景観に恵まれている。

◀ニジマスは塩焼きやムニエルにすると美味だ。マス釣り場の多くは帰るとき、魚の内臓を出して保冷の氷を添えてくれる

◀ウグイやオイカワが釣れたら大事に持ち帰って、から揚げにして食べよう

おすすめのマス釣り場

奥多摩と秋川からそれぞれ一か所を紹介しよう。どちらも上流域にあり、水と緑が抜群に美しい。

峰谷川渓流釣場
東京都西多摩郡奥多摩町川野529
TEL.0428-86-2623

檜原村神戸国際マス釣場
東京都西多摩郡檜原村神戸3387
TEL.042-598-0132

奥多摩や秋川の晩秋のマス釣り場は景色が美しい。水面を紅葉が流れ、錦繍の川になる

多摩・奥多摩、ここもおすすめ

多摩・奥多摩地域には、本書の 30 コースから少しはずれたところにも素敵な場所が多く、10 か所を追加で紹介する。ほかにもあちこち歩いて、お気に入りの風景を見つけよう。

多摩丘陵、関屋の切り通し
小野路の近く、古道の布田道にある切り通し。多摩丘陵はあちこちに古道が残っている。

秋川丘陵、小峰公園
「今熊山から金剛の滝」コースのスタート地点、小峰公園は園内の散策だけでも十分楽しい。

浅川の堤の桜と富士山
日野市南平、浅川の一番橋付近。春の天気が良い日、桜並木の彼方に雪の富士山が見える。

小山内裏公園の大田切池
町田市と八王子市の境にある都立公園。立ち枯れの木々が、上高地の大正池のようだ。

檜原村の神戸岩

北秋川の名勝、神戸岩。岩壁の鎖を伝いながら峡谷を歩くのは少し勇気がいる。

雪おんな縁の地の碑

青梅市の調布橋のたもとにある。小泉八雲著『怪談』の雪女の話の舞台は青梅だという。

吉野梅郷、梅の公園

青梅市梅の公園の梅は2010年代にすべて伐採されたが、再植栽により花が復活している。

御岳山、七代の滝

ロックガーデンの天狗岩から下っていくと、幾段もある滝の一部を見ることができる。

大岳山の山頂

大岳山は武蔵野や多摩丘陵から奥多摩方面を見たとき最も目立つ山だ。一度は登りたい。

留浦の浮橋

奥多摩湖の麦山の浮橋よりもさらに上流、東京都の最も西に位置する留浦の集落にある。

快適なハイキングのために

ハイキングの服装

　何よりも大事なことは、歩きやすくて滑りにくい靴をはくこと。野山や山里を歩くなら、草木や岩などでけがをしないように、長袖、長ズボンを着用し、帽子を被ろう。

ハイキングの持ち物

　水筒、財布、雨具、そして何か食べ物をザックに入れて背負う。「ゆで玉子むけばかがやく花曇」。昭和の俳人、中村汀女の句だ。野山で食べると同じ物でも美味しく感じるのは、なぜだろう。空腹になると歩く気力を失うため、短時間のハイキングでも食料を持つ習慣をつけておく。弁当、パン、おにぎり、菓子など簡単に食べることのできる物がよい。

ハイキング中の注意

　ゆっくり歩くように心がける。未舗装の道や雪道で車を走行させるときは安全のため、急発進、急加速など「急」の付く運転はしない。人も同じだ。ハイキングは速さを争う競技ではない。ゆっくり歩いた方が安全なうえ、路傍の花なども見つけることができて楽しい。道標があれば、立ち止まって、必ず確認する。

　奥多摩にはクマやヘビなどの野生動物も生息しているが、ゆっくり歩いて進めば、鉢合わせすることなく、動物の方が先に気づいて人を避けてくれるだろう。

道標は常に確認しよう

ハイキングのマナー

1 焚火はしない

　山火事は大惨事になる。日帰りのハイキングで焚火をする必要はないはずだ。

奥多摩の山道でよく見かける「山火事注意」の看板。山火事の多くは、人の行為が原因

2 ごみは持ち帰る

　これはハイキングに限らず、もはや、どこに出かけたときにも常識になっている。

高尾山の「ごみの持ち帰り」を促す看板は、日英中韓の4か国語で記されている

3 畑に入らない

　農作物には生産者がいる。昔の人が言った「瓜田に履を納れず」は賢明なことわざだ。

野菜や花や果物が珍しくても美しくても畑は私有地。無断で入らないようにしよう

あとがき

　多摩・奥多摩地域は、東京の「水のふるさと」だ。東京の水道水の大半は荒川や利根川の水なのだが、昔も今も江戸・東京の住民は、多摩川の水を飲んで暮らしているイメージがある。

　私は瀬戸内海沿岸の町で育った。高校時代は山岳部、上京して入学した大学では探検部というクラブに入った。1年生の5月、川下りの練習で先輩に多摩川の御岳渓谷に連れて来られた。

　40年も前のことだが、よく覚えている。駅前から川に下りると、郷里なら中国山地までに行かなければないような美しい渓流だった。「ここは東京だ」と聞いて驚いた。まえがきに書いた奥多摩の第一印象は、私の実体験だ。ゴムボートを浮かべて瀬を下った。初夏の御岳渓谷は新緑が鮮やかで、流れる水はボートから落ちて泳いでも全く気にならないほど澄んでいた。その後は、山に登ったり、鍾乳洞に入ったり、奥多摩は格好の練習場になった。

　卒業後、転々としたあと、東京で生活することにした。20年ほど前、家の周りで子供と遊べる環境が欲しくて、郊外の多摩丘陵に引っ越した。自宅近くの広場からは、奥多摩の山々が見える。遠くの山から風が直に吹いて来るようで、空気が清々しい。

　以来、時間があると、多摩の緑地や奥多摩の野山を歩く。気が付けば、生まれ育った瀬戸内の海や中国山地よりも多摩丘陵や奥多摩の山の方が詳しくなっている。繰り返し歩き、思い出の積み重なった土地は、その人の「ふるさと」になるのではないだろうか。もう私にとって、多摩の野や山や川は、ふるさとの風景だ。

　この本にはお気に入りの30コースを選んだ。実際に歩いて、多摩地域の自然と景色の魅力に共感してくれる人がいれば、幸いである。

重信　秀年

今熊山、金剛の滝。手前の滝の奥にはさらに大きな滝がある

重信秀年（しげのぶ・ひでとし）

1961年広島市生まれ。東京都日野市在住。
早稲田大学卒。高校時代は山岳部、大学時
代は探検部に所属。高校の国語教諭、広告
の制作会社などを経て、フリーライターに。
主な著書に『50にして天命を知る 大人の
御朱印』（東京新聞）、『「江戸名所図会」で
たずねる多摩』（けやき出版）、『関東 楽し
く歩こう！ ウォーキングコースガイド』（メ
イツ出版）など。

多摩・奥多摩
ベストハイク
30コース

2021年4月26日　第1刷発行

著　者　　重信秀年
発行者　　岩岡千景
発行所　　東京新聞
　　　　　〒100-8505 東京都千代田区内幸町2-1-4
　　　　　中日新聞東京本社
　　　　　電話　[編集] 03-6910-2521
　　　　　　　　[営業] 03-6910-2527
　　　　　FAX　03-3595-4831
デザイン　　株式会社ポンプワークショップ
写真撮影　　重信秀年
地図製作　　奥村紀和夫
印刷・製本　株式会社シナノパブリッシングプレス

©2021 Shigenobu Hidetoshi, Printed in Japan
ISBN978-4-8083-1056-1 C0075